众志成城 守护文明

全国打击防范文物犯罪成果精粹

公安部　最高人民法院　最高人民检察院　国家文物局　编著

北 京 时 代 华 文 书 局

主办单位

公安部　最高人民法院　最高人民检察院　国家文物局

承办单位

中国国家博物馆

协办单位

北京市公安局

北京市文物局

河北省公安厅

河北省文物局

河北省唐山市公安局

河北省遵化市公安局

河北省遵化市清东陵文物管理处

山西省公安厅

山西省文物局

山西博物院

山西省考古研究所

山西省运城市公安局

山西省运城市闻喜县公安局

辽宁省公安厅

辽宁省文物局

辽宁省朝阳市公安局

辽宁省朝阳市文物局

江西省文物局

江西省文物考古研究院

山东省公安厅

山东省文物局

山东省文物考古研究院

山东省枣庄市公安局

山东省滕州市公安局

四川省公安厅

四川省文物局

四川省文物考古研究院

四川省眉山市人民政府

四川省眉山市彭山区人民政府

四川省眉山市公安局

四川省眉山市公安局彭山区分局

西藏自治区公安厅

西藏自治区文物局

西藏自治区山南市公安局

西藏自治区山南市文化局

陕西省公安厅

陕西省文物局

陕西历史博物馆

陕西省考古研究院

陕西省西安市公安局

陕西省宝鸡市公安局

陕西省宝鸡市凤翔县公安局

陕西省咸阳市公安局

陕西省咸阳市淳化县公安局

陕西省渭南市公安局

陕西省渭南市澄城县公安局

陕西省渭南市澄城县文物局

陕西省渭南市澄城县博物馆

甘肃省文物局

甘肃省博物馆

青海省公安厅

青海省文物局

青海省海西蒙古族藏族自治州公安局

青海省海西蒙古族藏族自治州都兰县公安局

众志成城 守护文明——全国打击防范文物犯罪成果精粹

图录编辑委员会

主　　任：王春法

副主任：单　威

编　　委：王春法　单　威　陈成军　冯靖英
　　　　　古建东　白云涛　刘万鸣

图录编辑团队

统　　筹：陈　煜　王永红

编　　辑：乐日乐　陈　煜　王永红　翟胜利

编　　务：乐日乐　王　蕾　蔡利涛

撰　　稿：翟胜利　乐日乐　罗　昊　陈庆庆　王　辉
　　　　　李　雪　朱亚光　孙　博　袁晓璐

地图编绘：张　洁　张　丹　果　林

线　　图：黄玉成

摄　　影：孙　博　范　立

装帧设计：王　蕾

众志成城 守护文明——全国打击防范文物犯罪成果精粹

策展团队

展览总策划：宋新潮

展览总协调：陈培军　龚志勇　陈成军

展览筹备：沈　亮　张相军　杨立新　刘大明
　　　　　常金国　胡昀昀　侯若英

总　　监：陈　煜

策　展　人：乐日乐

内容设计：乐日乐

形式设计：王　蕾

制作设计：蔡利涛

文物保护：李　郑　王　博

宣传推广：余晓洁　刘　钧

官网与新媒体传播：刘佳莹　张　应　范　立　李秀娜　陈　玲

公共教育：胡　健　郭丽芬

讲　　解：李鹏程　王松楠

数据支持：李华飙　徐　浩

致　辞

杜航伟

公安部副部长

　　公安部历来高度重视打击防范文物犯罪工作。特别是党的十八大以来，公安部认真贯彻落实习近平总书记关于打击防范文物犯罪的重要批示精神，本着对国家、对民族、对子孙后代高度负责的态度，把打击防范文物犯罪作为一项重要工作，成立了"全国文物犯罪信息中心"，建设了文物犯罪信息管理系统，上线了中国被盗（丢失）文物信息发布平台，与国家文物局共同建立了"打击防范文物犯罪联合长效工作机制"，持续部署开展打击文物犯罪专项行动。全国公安机关与各级文物行政部门密切配合、协同作战、重拳出击、强力推进，侦破了一大批重大文物犯罪案件，打掉了一大批文物犯罪团伙，追缴了数千件国家珍贵文物，为保护国家文物安全做出了重要贡献。

　　此次"全国打击防范文物犯罪成果展"集中展示了十八大以来全国各级公安机关、司法和文物部门打击防范文物犯罪的丰硕成果，展现了我国打击文物犯罪、保护文物安全的决心与力量。同时，也希望通过这次展览，进一步激发全社会关爱文物、保护文物的思想自觉和行动自觉，坚决同各类文物犯罪行为做斗争，共同守护好老祖宗留下的宝贵财富。

　　打击文物犯罪、保护文物安全是公安机关的重大职责使命。全国公安机关将继续认真贯彻落实习近平总书记关于文物安全工作的重要批示精神，按照党中央、国务院的决策部署，站在坚定文化自信、传承中华文明的高度，不断加大工作力度，采取有力措施，毫不动摇地严打文物犯罪活动，严惩文物犯罪分子，坚决遏制文物犯罪案件多发高发态势，切实保护国家文物安全。

　　我坚信，有以习近平同志为核心的党中央的坚强领导，有各部门的密切协作配合，有社会各界和人民群众的参与支持，全国公安机关一定能够打赢这场打击防范文物犯罪的人民战争，为保护国家文物安全做出新的更大贡献！

致　辞

宋新潮

国家文物局副局长

　　文物承载灿烂文明，传承历史文化，维系民族精神，是中华文明源远流长、生生不息的实物见证，是传承弘扬中华优秀传统文化的历史根脉，是推动经济社会发展的优势资源，是培育社会主义核心价值观、凝聚共筑中国梦磅礴力量的深厚滋养。文物安全是文物保护的红线、底线和生命线，关乎国家历史传承，关乎国家文化安全，关乎民族团结，是构建人民群众精神家园、弘扬中华优秀传统文化、建设社会主义文化强国的重要内容。

　　党中央、国务院高度重视文物安全工作。党的十八大以来，习近平总书记多次对文物安全工作做出重要指示批示，国务院召开全国文物安全工作电视电话会议，相继出台《关于进一步加强文物安全工作的实施意见》《关于加强文物保护利用改革的若干意见》等，对新时代文物安全工作做出全面部署，提出明确要求，指明了前进方向，提供了科学遵循。

　　按照中央部署，公安部、最高人民法院、最高人民检察院和国家文物局密切配合，通力协作，严厉打击和依法惩处文物犯罪，成效显著。公安部将文物犯罪列为重点打击内容，持续部署专项行动，连续发布3批A级通缉令。各地公安、文物部门联合聚力、攻坚克难，追缴了数以万计的涉案文物，抓获数千名犯罪分子。最高人民法院、最高人民检察院及时修订颁布《关于办理妨害文物管理等刑事案件适用法律若干问题的解释》，指导各地司法机关公诉和审判文物犯罪案件，使犯罪分子受到法律严惩。经过共同努力，我国已初步建立了各级政府重视支持，公安、司法和文物部门协调联动，社会各界积极参与，打防并重、多措并举的文物安全长效机制。哪里有文物犯罪，哪里就有我们国宝卫士们的雷霆亮剑，就有人民群众的"天罗地网"。大批犯罪团伙被绳之以法，大量珍贵文物得以保护和保存，文物犯罪高发势头得到遏制。

　　此次，国家文物局联合公安部、最高人民法院、最高人民检察院举办全国打击防范文物犯罪成果展，全面总结党的十八大以来我国文物安全工作取得的显著成绩。展览通过14个重点案例和750余件文物，集中展示打击防范文物犯罪的丰硕成果，弘扬各级公安、司法和文物部门精诚配合、不畏艰难、甘于奉献的时代精神，展现我国打击文物犯罪、保护文物安全的决心与力量。展览既是感人至深、发人深省的宣教活动，又是汇聚多门类文物珍品的古代艺术盛宴。

　　当前文物安全形势依然严峻，打击防范文物犯罪任重而道远。新时代、新起点、新征程，此次展览为我们进一步打击防范文物犯罪、加强文物安全工作吹响了新的号角。让我们坚决贯彻习近平总书记关于文物安全的重要批示精神，在党中央、国务院的坚强领导下，在广大人民群众的广泛支持和积极参与下，携手并肩、勇于担当、积极行动，以坚强的决心，合力铲除文物犯罪，构筑保障文物安全的钢铁长城，努力实现文物保护长治久安，为文物事业繁荣发展做出更大贡献。

致 辞

王春法

中国国家博物馆馆长

为全面总结和展现全国打击防范文物犯罪成果，由公安部、最高人民法院、最高人民检察院、国家文物局主办，中国国家博物馆承办的"众志成城　守护文明——全国打击防范文物犯罪成果展"在中国国家博物馆隆重开幕。我谨代表中国国家博物馆，向展览的开幕表示热烈的祝贺！

勤劳智慧的中华民族在几千年的岁月积淀中创造了光辉灿烂的历史文化，留下了灿若群星、独具特色的文化遗产，这些弥足珍贵的文化遗产是中华文化之瑰宝，凝结着中华文化的根基和血脉，是中华民族的根与魂。然而，不法分子受利益驱动，把罪恶的黑手伸向分布在祖国广阔大地上的珍贵遗产，盗窃、盗掘、倒卖、走私等文物犯罪活动猖獗，呈现集团化、暴力化、智能化的趋势，使祖先留下的宝贵遗产遭罹不可弥补的、难以估量的损失，国家文物安全受到严重威胁。

党的十八大以来，以习近平同志为核心的党中央高度重视和支持文物安全工作，并就加强文物安全工作做出了一系列重要指示和批示。为贯彻落实党中央关于新时代加强文物安全工作的指示要求，不断增强文物安全防范能力，公安部、最高人民法院、最高人民检察院和国家文物局等部门不断完善联合长效工作机制，协同作战，联手出击，成功侦破了一系列大案要案，缴获了大量珍贵文物，沉重打击了犯罪分子的嚣张气焰，有力遏制了文物犯罪的高发势头，取得了辉煌战果。

本次展览以公安部、最高人民法院、最高人民检察院、国家文物局等部门联合打击防范文物犯罪的重要举措和取得的辉煌战果为主线，展出新石器时代至明清时期青铜器、玉器、金银器和瓷器等珍贵文物750余件，是近年来全国打击防范文物犯罪成果的首次大规模集中展示，旨在展现我国政府打击文物犯罪、保护文化遗产的决心与意志，激发全社会共同珍爱祖国历史文物遗产、守护中华悠远文明的普遍自觉。

中国国家博物馆是代表国家征集、收藏、保管、展示反映中华优秀传统文化、革命文化和社会主义先进文化代表性物证的最高机构，是中国历史的保存者和记录者，也是当代中国人民为实现中华民族伟大复兴的中国梦而奋斗的见证者和参与者，历来以保护好、管理好、展示好珍贵的文物藏品为核心使命。

"江山留胜迹，我辈复登临。"衷心希望能够通过此次展览，在感叹先民留下的光辉灿烂的遗产的同时，能够对文物保护有更加深刻的理解和认识，感受到每一位同胞身上担负的神圣使命，并以这次成果展为新起点，始终以"零容忍"态度，坚决与一切伤天害理的文物违法犯罪做最坚决的斗争，永远做祖国历史文明和传统文化的守护者、捍卫者，携手并肩，共同构筑捍卫祖国文化遗产安全的钢铁长城！

目　录

向文物犯罪亮剑

警钟长鸣 共筑钢铁长城

文物是中华文化之瑰宝，集历史、艺术、科学价值于一身，是不可再生的珍贵文化遗产。然而，不法分子受利益驱动，把罪恶的黑手伸向分布在祖国广阔大地上的珍贵遗产，催生了盗窃、盗掘、倒卖、走私等一系列文物犯罪利益链条，呈现集团化、暴力化、智能化的新趋势，犯罪活动之猖獗、犯罪组织之严密、犯罪手段之隐蔽、涉案文物之珍贵，令人触目惊心、痛心疾首，祖先留下的宝贵遗产遭罹不可弥补的、难以估量的损失，国家文物安全受到严重威胁。

文物屢蒙殤

要案频发

近年来，我国文物犯罪侵害的对象和范围不断扩大，古遗址、古墓葬、田野石刻成为发案重灾区，世界文化遗产、皇家陵寝、大型古墓葬群成为犯罪分子的侵害对象，清东陵、明十三陵、安阳殷墟等接连发生盗窃盗掘案件。据统计，2013 年以来，涉及全国重点文物保护单位的文物犯罪案件达 100 余起。

【清东陵半年内两次被盗】

2015 年 10 月 31 日凌晨，河北省唐山市清东陵景妃园寝温僖贵妃墓遭"专业"盗墓团伙盗掘，猖狂的盗墓贼被发现后竟持刀追砍警卫，盗走 12 件珍贵文物，并把温僖贵妃的部分衣物盗出地宫，丢弃在陵墓之外。在公安部和国家文物局的联合督导下，河北省公安机关经过 7 昼夜的连续奋战，成功侦破此案，抓获犯罪嫌疑人 8 名，追回全部被盗文物。然而，仅仅 7 个月后，埋葬孝庄皇太后的昭西陵隆恩殿台基护栏柱头又遭盗窃。河北省公安机关经过 90 余天的艰苦侦查，最终抓获 4 名犯罪嫌疑人，追回被盗柱头。经审判，梁某某、赵某某等 9 人以盗掘古墓葬罪、抢劫罪、非法拘禁罪分别被判处 11 年至 14 年 9 个月不等的有期徒刑。

满目疮痍的盗掘现场

犯罪分子丢弃在现场的被盗文物

累丝金凤钿

清（公元 1644 年—1911 年）
三级文物
门径 28.5 厘米
河北唐山清东陵被盗系列案追缴

　　这件凤钿是康熙帝温僖贵妃的首饰。温僖贵妃，钮祜禄氏，满洲镶黄旗人，康熙初年辅政四大臣之一遏必隆之女，孝昭仁皇后的妹妹。康熙二十年（公元 1681 年）被册封为贵妃，康熙三十三年（公元 1694 年）卒，谥曰温僖贵妃。

　　钿子是清代旗人女子特有的首饰类型，其外观前高后低、状如覆箕，基本结构可分为骨架、内胎、钿花三部分，视钿上装饰钿花造型和数量不同又可细分为凤钿、满钿和半钿。钿子与朝冠、吉服冠等礼制首服相比，佩戴范围更为广泛，既可用于日常生活，亦可搭配吉服参加庆典活动。此物按形状和钿花造型判断应为凤钿，其外形顶部宽底部窄，以黑色绉纱为胎，正面装饰金累丝凤鸟五只，每只凤在头顶、翅膀和尾羽处皆镶嵌东珠。钿子顶部装饰金累丝如意云头、金累丝凤穿牡丹钿花各一对，顶部后方饰正凤一只，凤的形象与正面五只凤鸟相同。

　　仔细观察可见钿花某些部分尚存零星翠羽，说明此凤钿原本施有点翠，或受墓葬环境因素影响，大部分翠色已失。在凤钿制作过程中，主要运用了金累丝、点翠、东珠镶嵌等工艺，在一件饰品上集中体现出清代宫廷首饰用料考究、做工精良、繁复华美的特点。

　　此凤钿年代尚属清代早期，与故宫博物院等地所藏乾隆朝以降前有垂旒的后世凤钿相比，形制具有较大差别。其原因或许是清初满洲贵妇流行将发髻盘于头顶，戴上青绫绉纱编织的包头，再于包头上簪花，而各类钿子是在"包头簪花"的基础上逐渐发展变化形成的。因此可认为这件凤钿是清初的包头向清中叶钿子发展中的过渡形态，兼具二者特征，为研究清代宫廷首饰的发展提供了重要的实物资料。

锤形头金簪

清（公元 1644 年—1911 年）
三级文物
长 11 厘米，宽 1 厘米
河北唐山清东陵被盗系列案追缴

此簪与明代广为流行的"一点油"发簪形制较为相似。明代"一点油"发簪主要用于固定发冠，簪首多作蘑菇头形状，后连细长簪脚，造型简单。此簪首以累丝工艺分别制成若干矩形、三角形金片，再将累丝金片按顺序一一拼合焊接，作锤头状，后与顶部錾刻螺纹状装饰线的簪脚相连，整体造型简约而不简单，大气之余兼具细节之美，是对明代"一点油"发簪的再创造，体现出宫廷首饰制作之精妙。

耳挖头金簪

清（公元 1644 年—1911 年）
三级文物
长 11.5 厘米，宽 0.7 厘米
河北唐山清东陵被盗系列案追缴

耳挖簪是明代流行的簪钗样式，适用范围广泛，男女皆可用来绾发，此式样在具有装饰效果的同时体现出古人设计思想中的实用主义。到清代，受剃发易服令影响，男子已不再绾发，但耳挖簪的形制被保留下来，成为满汉两族女子通用的发簪类型。清代耳挖簪用料和工艺较前代更为丰富，常将耳挖造型与祥瑞元素并用于簪首，更具装饰性，簪的长度也比前代有所增加，因而又有"一丈青"之别称。这对金簪首部仅作耳挖形，后部与长簪脚直接相连，与同时期多数耳挖簪相比显得朴素复古。

鎏金龙首簪

清（公元 1644 年—1911 年）
三级文物
长 13.9 厘米
河北唐山清东陵被盗系列案追缴

　　此簪银质、鎏金，簪首部分以花丝、錾刻等工艺作张口龙首状，龙首顶部两角间镶嵌东珠，簪身前段錾龙鳞、云头形纹饰，与龙首呼应相连，连接处形成一个小的弧度，使簪整体造型更为流畅、大气。因白银比黄金更易氧化呈现黑色，故清宫运用银鎏金工艺制成的首饰极常见，其手法为将熔炼后的金汞合剂涂抹在银器表面，再经炭火烘烤使器物表面的汞挥发掉，让金附着在银器表面。

累丝龙首珍珠耳环

清（公元 1644 年—1911 年）
三级文物
长 4.3 厘米，宽 2.8 厘米
河北唐山清东陵被盗系列案追缴

　　耳环金质，作龙吸珠造型。龙身部分采用錾金、累丝等工艺，尾部焊接金钩，龙口下方以金丝连缀东珠两颗。据《钦定大清会典事例》卷二百六十一记载，皇后"耳饰，左右各三，每具金龙衔一等东珠各二"；皇贵妃"耳饰，左右各三，每具金龙衔二等东珠各二"；妃"耳饰，左右各三，每具金龙衔三等东珠各二"；嫔"耳饰，左右各三，每具金龙衔四等东珠各二"。此耳环与《钦定大清会典事例》中描述相符合，可见为温僖贵妃礼制耳饰，佩戴时"一耳三钳"，用于参加朝会及重要典礼。此制式耳环在内蒙古赤峰市巴林右旗白音尔登苏木荣宪公主墓也曾出土。

累丝花卉纹领约

清（公元 1644 年—1911 年）

三级文物

外径 20.5 厘米，通长 56 厘米

河北唐山清东陵被盗系列案追缴

领约为清代后妃参加重要庆典时与冠服搭配的礼制首饰，《钦定大清会典图》中对领约制度的描述为："皇后领约，镂金为之，饰东珠十一，间以珊瑚，两端垂明黄绦二，中各贯珊瑚，末缀绿松石各二。皇贵妃领约，饰东珠七，垂绦末缀珊瑚各二。贵妃、妃、嫔绦用金黄色，余皆同。"此领约金质，开合式，圆环形，分为三节。正中一节在中心处镶嵌宝珠一颗，左右两侧依次包镶嵌件各三，嵌件间又以金镶宝珠相隔，共六颗，目前嵌件及宝珠均已失。领约侧面镂金作球路纹，背面錾

牡丹、菊花等花卉纹及几何纹。左右两节錾刻龙鳞纹为地，两端以累丝对凤为饰，开口处作瓜头形，系金黄色绦带，中贯青玉龙纹结珠，下坠青玉花卉形坠脚四件。整件首饰采用錾刻、累丝、镶嵌、焊接等多种工艺组合完成，风格华丽、富有装饰性。因墓主身份为康熙朝温僖贵妃，依《钦定大清会典图》之描述，领约失去的宝珠嵌件或为东珠及珊瑚。首都博物馆藏有金累丝二龙戏珠领约一件，与此物形制颇类似，其包镶嵌件为白玉。

金手镯

清（公元 1644 年—1911 年）

三级文物

外径 7 厘米

河北唐山清东陵被盗系列案追缴

　　镯在古时称为"环""钏"，原男女皆可佩戴，后逐渐为女性所专有。镯类饰物在我国出现时间较早，考古发掘中时有新石器时代的玉石手环出土。金制手环最早见于商周时期，但在当时并非寻常之物，西汉时的手钏材质以铜为主，东汉至魏晋，造型简约的单环闭口金银手钏已多有出土。到隋唐时期，金银逐渐成为除玉石外环钏类饰物的主要制作材料，加工工艺得到大力发展，考古发现中开始出现制作极精的錾花、镶宝金钏。经宋元明几代至清，金银手镯在制作数量和工艺上达到新的高峰，精巧华美者不胜枚举。此镯金质、活口，通体光素无纹，造型古朴大方，在一众装饰繁复、极尽工巧的主流清宫首饰中显得较为难得。

【明十三陵石烛台"失踪"近一年对外公布】

2017年3月19日上午11时许,有市民向北京警方反映明十三陵思陵石五供烛台被盗。公安机关经过10余天的缜密侦查、攻坚克难,打掉一个专门盗窃石刻类田野文物的犯罪团伙,抓获犯罪嫌疑人7名。被盗石烛台被追回,经鉴定为国家二级文物。调查结果显示,石烛台的被盗时间为2016年4月,"失踪"已近1年。

石烛台被盗前后对比图

北京市文物进出境鉴定所
涉案文物鉴定评估报告

京文物鉴字[2017]第 12 号

北京市公安局昌平分局:

你单位申请鉴定的被盗文物石烛台二件,为全国重点文物保护单位及世界文化遗产中明十三陵———思陵石五供中的两件。经现场勘查及鉴定分析,此石五供为清代早期文物,雕刻精美,是明十三陵现存石五供中体量最大的一组石供器。被盗的两件石烛台作为石五供中重要的组成部分,具有重要的历史、艺术、科学价值,属珍贵文物二级文物。

北京市文物进出境鉴定所
2017年3月27日

文物鉴定报告

【殷墟遗址重点保护区频遭盗掘】

2017 年 8 月，全国打击文物犯罪专项行动开展期间，河南省安阳市公安局发现多条盗掘殷墟古文化遗址、古墓葬案件线索，盗掘位置位于殷墟遗址重点保护区范围，犯罪分子以民房、耕地等为掩护，多次实施盗掘行为，对殷墟遗址的商代文化层造成了无法挽回的实质性破坏。公安部挂牌督办、国家文物局督导，河南省公安机关成立专案组全力展开侦破工作。截至 2018 年 11 月 11 日，该案共打掉 14 个文物犯罪团伙，抓获犯罪嫌疑人 148 人，追回被盗文物 713 件，其中二级文物 8 件、三级文物 6 件、一般文物 699 件。

作案现场

收缴工具

形势严峻

　　从近年全国各地发生的重大文物犯罪案件看，文物犯罪手段不断升级，呈现集团化、暴力化、智能化趋势，作案愈加隐蔽，监管更加棘手，文物安全工作面临更加严峻的挑战。

集团化

犯罪团伙跨区域纠集结伙，组织严密，分工愈发精细，形成集出资、盗掘、倒卖、走私等犯罪于一体的黑色产业链条，集团化趋势日益明显。

【山西闻喜"6.03"系列盗掘古墓葬案】

2018 年，在最高人民检察院、公安部的联合挂牌督办和指挥下，山西省公安机关成功打掉盘踞在闻喜县 10 多年、以侯氏兄弟为首的"盗墓涉黑"犯罪集团，破获与该团伙相关的各类刑事案件 351 起，抓获犯罪嫌疑人 494 名，追回涉案文物 3073 件，其中一级文物 34 件、二级文物 66 件、三级文物 151 件。该团伙成员分工明确，踩点、打坑、清货、兜售，形成从盗掘到销售的完整犯罪网络，盗墓地点涉及闻喜县阳隅保护区、河底镇酒务头村等 15 处市、县文物保护单位，造成大量古墓葬损毁、文物流失，社会影响极其恶劣。对此，山西省公安机关举一反三，于 2018 年 4 月部署全省开展为期 3 年的"打击文物犯罪专项行动"，截至 2018 年 11 月 20 日，共打掉文物犯罪团伙 76 个，破获各类文物犯罪案件 466 起，抓获犯罪嫌疑人 710 名，追缴各类文物 6622 件，有效遏制了文物犯罪猖獗势头，实现了 2018 年 5 月以来盗掘古墓葬犯罪零发案。

2017—2018 年，山西省考古研究所对闻喜县酒务头墓地进行了抢救性发掘，共发现 12 座商代墓葬以及车马坑等遗迹。除 1 号墓外，其余大墓均被盗掘，大量历史文化信息因盗扰而丧失。经抢救性发掘，1 号墓共出土青铜器 123 件、陶器 7 件、骨器 1 件。科学发掘揭示，酒务头墓地属商代晚期大型高等级贵族墓地，文化面貌属于殷墟晚期，是晋南地区首次发现分布集中的商代晚期贵族墓地。

文物出土现场保护

文物出土现场检测

子🔲青铜鼎

商（约公元前 1600 年—公元前 1046 年）
一级文物
高 43.7 厘米，口径 35.8 厘米
山西闻喜 "6.03" 系列盗掘古墓葬案追缴

　　此鼎立耳，折沿方唇，深腹圜底，柱足。口沿下饰兽面纹一周，每组兽面中间部位有凸起的扉棱，足根部饰兽面纹，下接三周凸弦纹，主体兽面纹饰下有雷纹为地。鼎内壁铸有"子🔲"铭文，应为族徽或人名。这种深腹、圜底、三足鼎的形制、纹饰是商代晚期青铜鼎的典型样式。

　　晚商时期，青铜礼器内壁常铸简短铭文，简称金文。内容为族徽、祭祀对象的"日名"、作器者之名、简单的事件记录等。族徽即家族标志符号，用来表明作器者的族属。晚商时期的族徽由表示人体、动物、植物、器物的符号组成，具有较浓的象形意味。

子ⓧ青铜鼎（一组 2 件）

商（约公元前 1600 年—公元前 1046 年）

一级文物

高 21.6 厘米，口径 17.5 厘米

山西闻喜"6.03"系列盗掘古墓葬案追缴

　　此鼎立耳，方口，斜折沿方唇，直壁平底，四柱形足。口沿下饰夔凤纹，下接兽面纹，四壁中间及四角均有凸起的扉棱，主体纹饰下有雷纹为地。内壁一侧铸有"子ⓧ"铭文，应为族徽或人名。该鼎口沿下的夔凤纹样式较为奇特，其前部为勾喙鸟首，后部为尾部上翘的夔龙躯体状，这种造型的纹饰非常少见。

　　青铜方鼎最早出现于商王朝早期都城郑州商城地区，形制渊源可能为同时期的陶方鼎。商周时期的青铜方鼎，数量远远少于圆鼎，等级规格较圆鼎更高，甚至被视为政治权力乃至王权的象征，只有商王、周王、诸侯等最高等级的贵族才可享用。

子🔲青铜觚

商（约公元前 1600 年—公元前 1046 年）
一级文物
高 25.3 厘米，口径 5.9 厘米
山西闻喜"6.03"系列盗掘古墓葬案追缴

此觚呈长筒状，口部及圈足作喇叭口状外张，颈部较细，高圈足。颈部饰蕉叶纹，腹部及圈足饰兽面纹，圈足内壁铸有"子🔲"铭文。

将这种形制的器物与早期文献中的礼器"觚"联系在一起，始自宋代《考古图》等吉金著作。其依据主要是器物容量及其腹、足部的四棱等形制特征，虽然这些证据并不充分，然而迄今为止，尚没有自名为"觚"的器物，令这一问题长期悬而不决。"内史亳丰同"的出现，对讨论此类器物的名称意义重大。2009 年，

文物专家在西安鉴定青铜器时，发现一件西周早期的青铜觚，该器传出山西，铸造精良，装饰华丽，最重要的是其内壁铸有铭文："成王赐内史亳丰祼，弗敢饕，作祼同。"该器铭文中的"同"，很有可能就是这类器物的自名，铭文中的"祼同"应该是在举行祼礼过程中使用的同。内史亳丰同虽然暂为孤证，但鉴于该器铭文信息较为明确，有专家建议将该类器物更名为同，不过并未引起学界的充分重视，为避免混乱，本处沿用旧名。

兽面纹青铜鼎

商（约公元前 1600 年—公元前 1046 年）
一级文物
高 22 厘米，口径 21 厘米
山西闻喜"6.03"系列盗掘古墓葬案追缴

　　此鼎立耳，方口，斜折沿方唇，直壁平底，四柱形足。口沿下饰夔凤纹，下接兽面纹，四壁中间及四角均有凸起的扉棱，主体纹饰下以云雷纹为地。内壁一侧铸有■铭文，应为族徽或人名。

兽面纹青铜盉

商（约公元前 1600 年—公元前 1046 年）
一级文物
通高 32.3 厘米
山西闻喜 "6.03" 系列盗掘古墓葬案追缴

此盉带盖，敛口鼓腹，一侧有上扬的管状流，另一侧有半环形兽首耳，腹下三柱形足，器盖间以半环钮及 "8" 字形链索相连接。盖顶饰盘曲状兽形纹，兽首上扬，盖面饰兽面纹及连珠纹。器物口沿下饰窄长状小兽面纹和牛角式大兽面纹各一，中间及口沿下间以连珠纹。鋬内铸有族徽图像 ⬛。

关于青铜盉的用途，长期以来存在较多争议。宋人吕大临

依《说文解字》认为盉是调味之器。20 世纪以来，学者们陆续提出三种不同看法：酒器说、水器说、酒器兼水器说。王国维先生等推定其为酒器，指出盉可以调节酒之厚薄，还可用来温酒。西周早期以后的贵族墓葬中，盉经常与盘等量同出，并时常置于盘内，此时的青铜盉是作为盥洗器与盘搭配使用，功能近似后来出现的匜。

青铜觥

商（约公元前 1600 年—公元前 1046 年）
一级文物
通高 23.8 厘米
山西闻喜 "6.03" 系列盗掘古墓葬案追缴

　　此觥微侈口，前有短流，后有半环形兽首鋬，直腹，高圈足，盖为龙首形。龙头张口露齿，唇上饰蛇纹，盖上饰龙纹和兽面纹，口沿以下饰花冠凤鸟、长冠凤鸟和弯角龙纹。觥体四壁和圈足分别饰内卷角兽面和长冠凤鸟，均以雷纹衬地，盖内与器底铸族徽图像█。整器造型奇特，装饰手法纯熟灵巧。青铜觥最早出现于商中期，流行于商晚期至西周早期，其后迅速消失不见。

　　商中期至西周时期，青铜器的铸造工艺出现了一次巨大飞跃，即分铸与插接、铆接工艺的发明。新工艺的应用使青铜器的造型艺术得以彰显出更复杂多变的形态，创造出青铜器发展史上最辉煌壮丽的时代。此青铜觥器盖上的龙首设计正反映了这种工艺。龙首的角、耳皆分铸后插接而成，得以实现饱满灵动的立体龙形。

兽面纹青铜斝

商（约公元前 1600 年—公元前 1046 年）
一级文物
高 45.5 厘米
山西闻喜 "6.03" 系列盗掘古墓葬案追缴

　　此斝口外敞，口沿上有两矮柱，柱上有伞形帽，束颈，腹部微鼓，平底，兽首形鋬，三棱形足。颈部饰蕉叶纹，腹部饰三组兽面纹，口沿内铸族徽图像🔲。

　　青铜斝形制与青铜爵近似，均三足一鋬，敞口，口沿上有两柱，与青铜爵不同的是，青铜斝无流、尾，且体积、容量更大。青铜斝依装饰风格分为素面斝和带纹饰的斝，后者常在口沿下及腹部装饰蕉叶纹、兽面纹、联珠纹、涡纹、双线人字纹等主题纹饰，鋬上端常有兽首。部分商周时期的青铜斝外腹部的鋬下位置铸铭文，铭文较简略，一般为祭祀对象的日名或作器者之名等。

兽面纹青铜罍

商（约公元前 1600 年—公元前 1046 年）
一级文物
高 29.7 厘米，口径 14.6 厘米
山西闻喜"6.03"系列盗掘古墓葬案追缴

此罍敛口，深腹，圆肩，器身最大径在肩腹交接处，腹壁自此向下斜收。兽首衔环双耳，兽首形鋬，平底，低圈足。颈部饰凸弦纹两道，肩部饰涡纹，上腹部饰夔龙纹，下腹部饰蕉叶纹。

这种圆肩略窄、深腹、下有矮圈足的青铜罍在商代晚期至西周早期非常流行。1973 年辽宁喀左北洞村晚商窖藏、山西灵石旌介村一号晚商墓、北京琉璃河黄土坡 1043 号西周墓、陕西长安普渡村长思墓等商周墓葬中均出土有相同形制的罍。

青铜甗

商（约公元前 1600 年—公元前 1046 年）
高 33 厘米，口径 20.5 厘米
2017 年山西闻喜酒务头墓地出土

　　此甗由上部大口盆形甑和下部款腹鬲组成，口沿上两立耳。甗是商周时期的蒸炊器，相当于今天的蒸锅。使用时，甑内盛放黍稷等固体食物，鬲内盛水，鬲下生火煮水，以蒸汽蒸炊食物。西周以后的甑、鬲之间往往置一圆形铜片，通称为箅，箅上有十字形孔或直线孔，以通蒸汽。

　　商代青铜甗多不见中间的箅，但甑腰内壁仍附有凸起的算齿，可能算已遗失，或临时采用其他质料的算置于甑、鬲之间，未放入墓葬或发掘出土时已腐朽。商周时期的青铜甗既有鬲、甑铸合在一起的联体甗，也有鬲、甑分铸且可以分离为二器的分体甗。青铜甗的甑部口沿下常装饰有弦纹、兽面纹、龙纹等主题纹饰，鬲腹部则往往饰有形象较为简略的兽面纹。

青铜罍

商（约公元前 1600 年—公元前 1046 年）
高 28 厘米，口径 12.4 厘米，腹径 19 厘米
2017 年山西闻喜酒务头墓地出土

　　此罍带盖，直口内折，平沿，束颈，肩呈圆弧状，腹下收。兽首衔环双耳，两耳之间的下腹部位置亦有一兽形耳，圈足较低。颈部饰凸弦纹两道，盖面及肩部饰涡纹。

　　青铜罍最早出现于早商二里冈上层一期，盛行于商晚期至西周早期，主要用作盛酒器。春秋以后，在商周重酒传统逐渐消解的社会背景下，部分青铜罍或已用作盛水器。战国时，青铜罍逐渐被楚式缶等取代。

青铜盉

商（约公元前 1600 年—公元前 1046 年）
高 26.5 厘米，口径 13 厘米
2017 年山西闻喜酒务头墓地出土

此器器身形制与鬲近似，整体较瘦长，管状流上扬。盖上有半环形钮，盖面饰兽目交连纹，口沿下亦饰兽目交连纹，腹部饰双线人字形纹饰。该器形制与甘肃灵台百草坡 2 号西周墓所出的一件盉十分近似，主要流行于商末至西周早期。

青铜盉最早出现于商代晚期，西周至春秋早期较为流行，春秋中期以后除楚地鐎式盉较流行外，其他型式的盉逐渐消失。"盉"作为器名并未见于先秦典籍，但可见于西周中、晚期的青铜盉铭文自名之中。从自名为"盉"的青铜器的形制可知，此类器物的形制特征是：硕腹，腹部一侧斜直向上的管状流，另一侧有鋬，三足或四足，上有盖，盖多以链索与鋬相连接。

青铜斝

商（约公元前 1600 年—公元前 1046 年）
高 24.5 厘米，口径 15.2 厘米
2017 年山西闻喜酒务头墓地出土

　　此斝口外敞，口沿上有两矮柱，束颈，鼓腹分裆，下接三柱形足。

　　青铜斝最早出现于二里头文化时期，流行于整个商代至西周早期，西周中期不再出现于青铜序列之中。概括而言，夏商周时期青铜斝类器物总的器形特征为侈口，口沿上有双柱，款

腹，腹侧有鋬，下接三足。不过就形制细节而言，从二里头时期至西周早期，青铜斝的形制发生了显著的改变。二里头时期至早商二里冈时期，青铜斝多杯形深腹、腹下部外鼓，三足中空；晚商时期，青铜斝腹部逐渐变浅，下腹显著外鼓，空心足逐渐消失，部分斝腹、足不分，底部与鬲形制近似。

青铜卣

商（约公元前 1600 年—公元前 1046 年）

通高 26.5 厘米

2017 年山西闻喜酒务头墓地出土

　　此卣带盖，敛口，硕腹，颈部两侧有提梁，圈足。

　　青铜卣是商周青铜礼器中比较重要的盛酒器之一，常出土于规格较高的贵族墓葬中。从相关记载来看，卣是一种专门盛装鬯酒（用于祭祀的香酒）的器皿。1978 年 3 月，河北元氏县西张村西周墓出土一对青铜卣，其铭文记载："余兄为汝兹

小郁彝"，"郁彝"是指专门盛装郁鬯的彝器。虽然彝是青铜礼器的通名而非某类器物的专名，但铭文记载的盛装郁鬯的功能与卜辞、金文及其他文献的相关记载相契合。青铜卣常见器型有椭圆形、圆筒形、鸟兽形，商代晚期偶见方卣。

青铜卣

商（约公元前 1600 年—公元前 1046 年）
通高 19 厘米
2017 年山西闻喜酒务头墓地出土

此卣带盖，敛口，硕腹，颈部两侧有提梁，圈足。盖面饰一周菱形纹，颈部饰兽面及菱形纹饰。

青铜卣最早出现于商早期的二里冈上层时期，商晚期至西周早期较为流行，常出土于规格较高的贵族墓葬中。西周中期以后，青铜卣在中原地区基本消失，春秋时期偶见于南方地区。商周时期的青铜卣盖面边缘、颈、腹及圈足部位往往装饰兽面纹、龙纹、鸟纹等主题纹饰，提梁两端多装饰有兽首，提梁上则多饰以兽面纹、龙纹、鸟纹、绳纹等主题纹饰。

青铜爵（一组 6 件）

商（约公元前 1600 年—公元前 1046 年）

高 22 厘米

2017 年山西闻喜酒务头墓地出土

　　此爵筒状腹，口缘前有长流，后有尖状尾，流上近口缘处有双柱，腹侧有鋬，腹下接三个尖状足。

　　青铜爵是迄今所知出现最早的青铜酒器，在夏代二里头文化时期已经出现，其形制来源于龙山文化及二里头文化时期的陶爵。在重酒之风盛行的商代，青铜爵始终是青铜礼器组合中最核心最重要的器物类型之一。周初实施禁酒政策后，觚、爵等相关酒器在礼器中的地位迅速下降，西周中期以后青铜爵逐渐消失。关于爵的功能，学界争议较多，一般认为它兼具温酒、斟酒、滤酒、饮酒等多种功能。青铜爵上的双柱来源于陶爵，原本为加固流口结合部而设置的泥钉，也可以放置滤网，过滤

酒中的渣滓。

　　这组青铜爵出土于酒务头墓地一座未被盗掘的墓葬。酒务头墓地的发现有十分重要的意义和价值。商代晚期，山西晋东南和晋西分布大量商文化遗址，但是作为连接晋东南和晋西的运城盆地和临汾盆地，极少发现这个时期的遗存。酒务头墓地地处垣曲盆地通向运城盆地的交通要道上，该通道是古代河南进入山西的重要通道。在这里发现商代晚期贵族墓葬，将山西东西两侧的商代晚期考古学文化连接在一起，形成一个相对清晰、完整的文化圈，把商代文明更加完整地表现，为我们对古代文明演化进程研究提供了全新资料，并拓展了我们传统的认识。

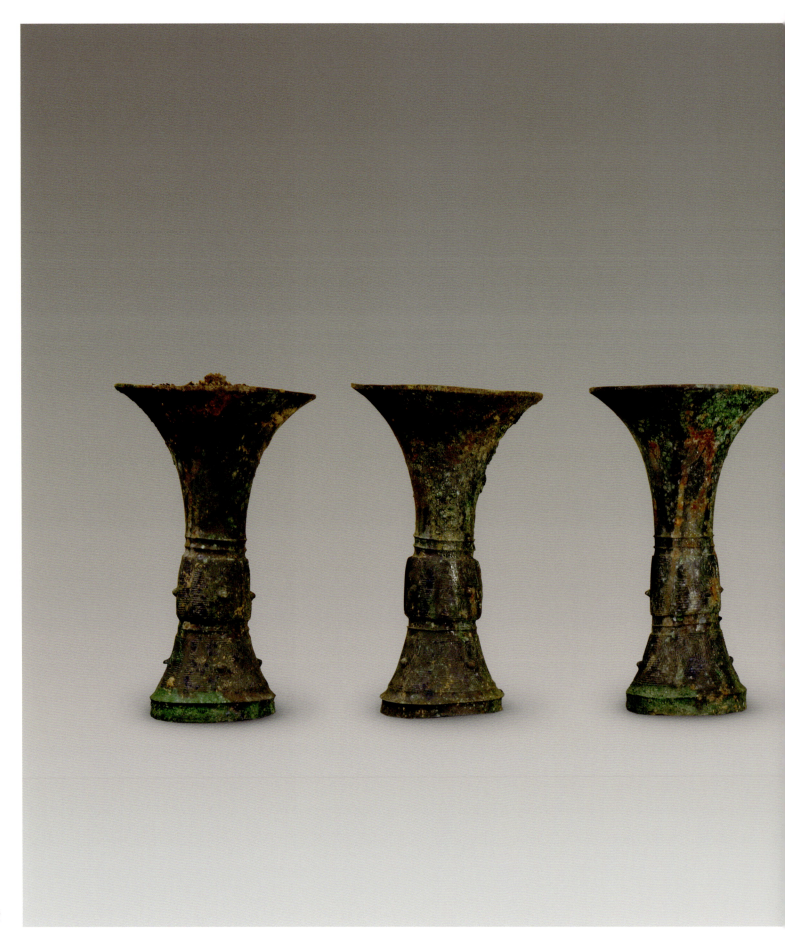

青铜觚（一组 5 件）

商（约公元前 1600 年—公元前 1046 年）
高 22 厘米，口径 13 厘米
2017 年山西闻喜酒务头墓地出土

　　此觚呈长筒状，口部及圈足作喇叭口状外张，颈部较细，高圈足。腹部及圈足饰兽面纹。青铜觚出现于早商二里冈上层时期，盛行于晚商殷墟时期，西周中期以后逐渐退出青铜礼器群序列。

　　商晚期墓葬中，觚、爵常等量配对出现，成为当时礼器组合的核心。在实际用途上，觚、爵均属酒器，爵主要用来温酒、滤酒、斟酒，觚主要用来饮酒，商晚期口部极度外张的觚还可用来盛装醴（甜酒），以匙舀取而食。

成周青铜鼎

西周（公元前 1046 年—公元前 771 年）
一级文物
高 22.4 厘米，口径 19.3 厘米
山西闻喜"6.03"系列盗掘古墓葬案追缴

此鼎直口、立耳、垂腹，底略平，柱状足，双耳对应两足。鼎内侧靠近口沿处有"成周"两字。成周是西周王朝的东都，成王时周公所建。西周早期青铜器何尊记述了成王继承武王遗志营建成周之事。1984 年，山西省曲沃县曲村镇第 6195 号墓出土一件带"成周"铭文的鼎。这说明"成周"确实存在。有学者认为其城址位于今河南省北部的瀍河两岸，但迄今为止没有发现城垣。

懋青铜卣

西周（公元前 1046 年—公元前 771 年）
一级文物
通高 29 厘米
山西闻喜"6.03"系列盗掘古墓葬案追缴

　　此卣器身扁圆，鼓腹圈足，上有外罩式盖，口沿外侧有提梁。盖面饰三种纹饰，铸作精美，装饰华丽，属典型的三层花式装饰风格。内圈为尖喙垂尾的小鸟纹，中圈为直棱纹，外圈为小鸟和长尾鸟的纹饰组合。圈足饰长尾鸟纹，鸟冠呈鳞状牛角形后垂，鸟尾上卷，其上又有一飘冠垂尾小鸟。提梁两端兽首间饰"S"形夔龙纹。器、盖上四条凸起状扉棱，主体纹饰下以细密的云雷纹为地。

　　器内壁及盖内均铸铭文："隹（唯）六月既望丁子（巳），穆王才（在）奠（郑），蔑懋曆（历），易（赐）犬（绳）带。懋拜稽首，敢对扬天子休，用乍（作）文考日丁宝尊彝。"铭文记载了周穆王在郑赏赐懋绳带，懋称扬穆王的赐命、铸造这件礼器祭祀亡父的事情。该器的铸作应发生于穆王过世之后，根据器形和纹饰判断，应在恭王初年。

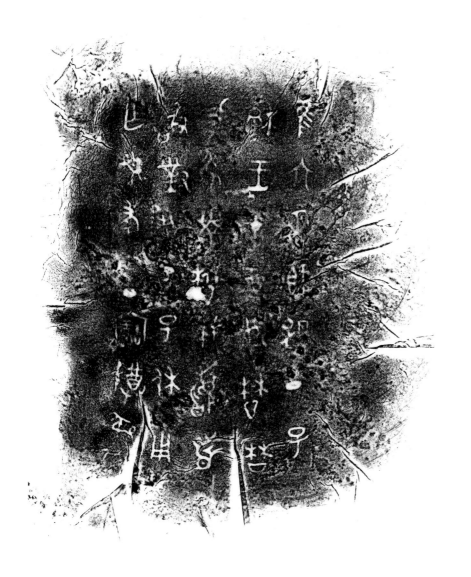

释文：
隹（唯）六月既望丁子（巳），
穆王才（在）奠（郑），蔑懋厤（历），
易（赐）犬（绲）带。懋拜稽首，
敢对扬天子休，
用乍（作）文考日丁宝尊彝。

释义：在某年六月既望丁巳这一天，周穆王在郑地勉励懋，并赐给懋绲带，懋感激周穆王，把此事记下来铸在父亲祭器上。

懋青铜尊

西周（公元前 1046 年—公元前 771 年）

一级文物

高 22 厘米，口径 21 厘米

山西闻喜 "6.03" 系列盗掘古墓葬案追缴

此尊喇叭口，长颈鼓腹，高圈足，通体有四道扉棱。颈部以扉棱为中心装饰八组蕉叶纹和四组相对垂尾小鸟纹，腹部饰两列长尾鸟纹，中部饰直棱纹，圈足饰两组卷尾长鸟纹，整器主体纹饰下以细密的云雷纹为地。内底铸铭文："隹（唯）六月既望丁子（巳），穆王才（在）奠（郑），蒦懋磿（历），易（赐）犬（緡）带。懋拜稽首，敢对扬天子休，用乍（作）

文考日丁宝尊彝。"

此懋尊与前一件懋卣装饰风格相同，内壁铸相同内容的铭文，属一人一时所作的同组青铜礼器。据铭文内容及器形、纹饰风格判断，应是西周恭王时期的标准器，为穆恭时期青铜器的特征提供了新的认识和判断标准，是近年出现的商周时期非常重要的青铜礼器之一。

060

释文：
隹（唯）六月既望丁子（巳），
穆王才（在）奠（郑），蔑懋曆（历），
易（赐）犬（绲）带。懋拜稽首，
敢对扬天子休，
用乍（作）文考日丁宝尊彝。

释义：在某年六月既
望丁巳这一天，周穆
王在郑地勉励懋，并
赐给懋绲带，懋感激
周穆王，把此事记下
来铸在父亲祭器上。

郳季窃曲纹青铜簠

春秋（公元前 770 年—公元前 476 年）
一级文物
通高 28.8 厘米
山西闻喜 "6.03" 系列盗掘古墓葬案追缴

　　此簠呈长方形斗状，腹壁斜直，有圈足，腹壁及盖面装饰窃曲纹。器、盖形制基本相同，内壁均铸铭文："鄦（郳）季啓簠用作仲娰，用铸宝匜（簠），其万年子孙永宝用。"从铭文看，应是郳季啓簠为仲娰所作的礼器。郳季为小郳国某位国君的弟弟，啓簠为其私名，郳季之称谓及其私名均属首见。仲娰应是郳季的妻子，仲表明其家族排行第二，娰为其母族之姓。

　　山西闻喜 "6.03" 系列盗掘古墓葬案共收缴四件形制、纹饰相同的簠，其中两件有铭文，盖底对铭，并且铭文内容相同。四件簠应该均是春秋早期小郳国青铜器。小郳国是山东鲁南两周时期重要的诸侯国，在古代文献中有记载，即 "郳娄""郳""倪"，其位置处在齐、鲁、宋、楚等大国之间，始建于西周晚期，被灭于战国早期。2002 年，山东枣庄山亭区东江发掘了小郳国墓地，出土了不少小郳国青铜器，加上传世的小郳国青铜器，总数也有不少，著名的有郳伯鬲、郳庆匜、郳庆簠、郳友父鬲、华妊方壶、秦妊方壶等。其中的郳友父鬲就是小郳国始封君友。

　　郳季青铜簠与郳庆簠、郳公子害簠以及山东藤县出土的薛子仲安簠形制纹饰较接近，与东江墓地 M2 出土的簠形制纹饰最接近，很可能出自东江墓地的某个被盗墓葬。

　　早在文物工作者对小郳国墓地展开科学发掘之前，东江墓地的 6 座贵族墓葬已有 4 座被盗掘，其中 3 座被盗掘一空，另一座被严重盗扰，仅劫余少量文物。2003 年，鲁皖两地警方侦破一起小郳国墓葬被盗掘案，追缴了部分被倒卖的小郳国文物，现藏于安徽省博物馆。另有一部分小郳国文物被倒卖到澳门、香港等地，由北京中贸圣佳国际拍卖有限公司从澳门购得。郳季青铜簠的发现对于研究小郳国的宗法制度以及小郳国实际控制区域有重要帮助。

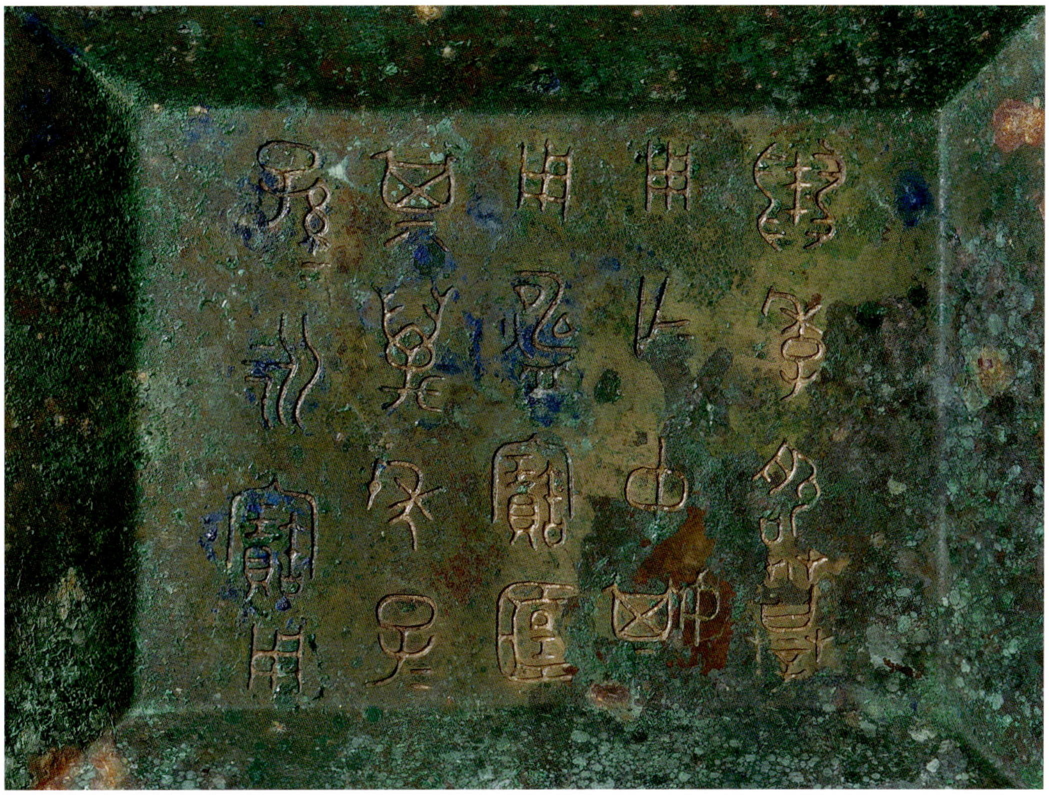

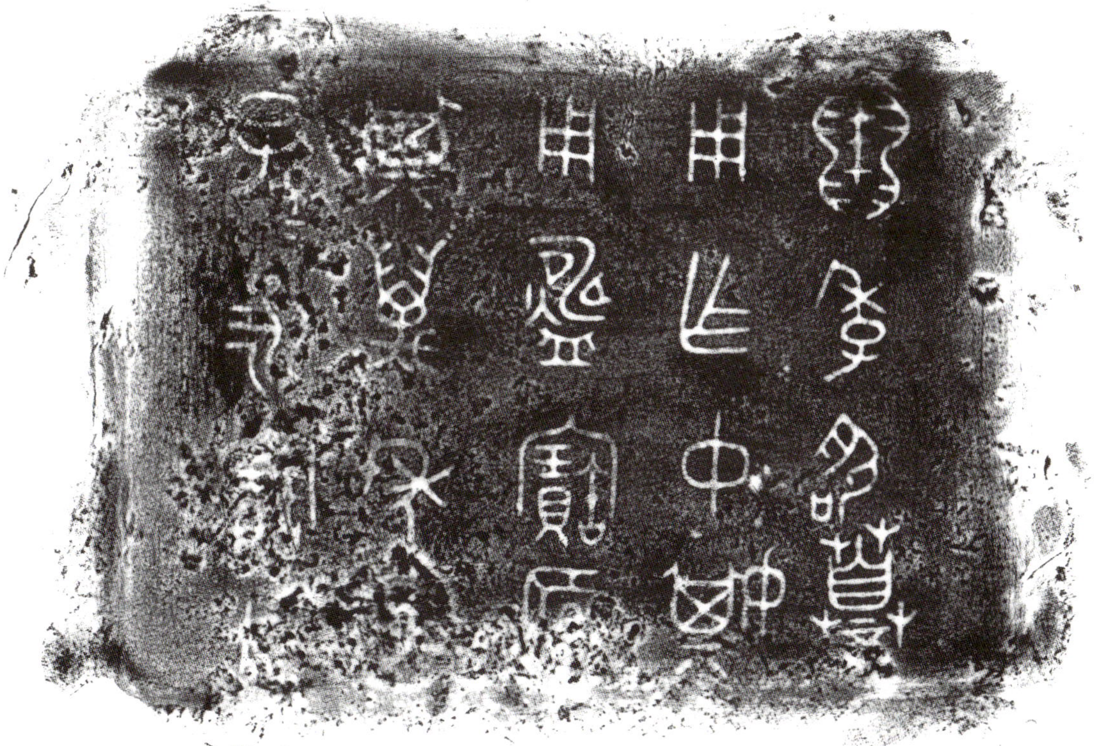

释文：
鼄（邾）季㚈萛用作仲娸，
用铸宝匿（簠），
其万年子孙永宝用。

释义：邾季为妻子仲娸而作宝簠，祈福子孙永用。

郑季窃曲纹青铜簠

春秋（公元前 770 年—公元前 476 年）

一级文物

通高 28.8 厘米

山西闻喜"6.03"系列盗掘古墓葬案追缴

此簠呈长方形斗状，腹壁斜直，有圈足，腹壁及盖面装饰窃曲纹。器、盖形制基本相同，内壁均铸铭文："鼃（郑）季鼄算用作仲娸，用铸宝匡（簠），其万年子孙永宝用。"从铭文上看，应是郑季鼄算为仲娸所作的礼器。

青铜簠主要流行于西周晚期至战国时期，其腹壁及盖面常装饰窃曲纹、波带纹、重环纹、龙纹、云纹等主题纹饰。该青铜簠腹壁斜直，口沿处无折阶，具有春秋早期的时代特色，综合其形制、铭文、纹饰特征来看，该器的时代应属于春秋早期。

青铜鼎、青铜豆、青铜壶

战国（公元前 475 年—公元前 221 年）
二级文物
鼎：通高 19.5 厘米，耳径 26.5 厘米
豆：通高 18 厘米，内径 13.5 厘米
壶：通高 30 厘米，口径 10.3 厘米，底径 13 厘米
山西闻喜"6.03"系列盗掘古墓葬案追缴

　　鼎为烹煮食器，盖豆为盛食器，壶是盛酒器。战国早中期，青铜礼器进一步向贵族生活实用器转变，其等级、礼仪文化属性显著衰退，鼎、豆、壶的组合成为这一时期最基本的青铜礼器组合。

　　这组成套青铜礼器是犯罪嫌疑人在山西省运城市闻喜县上郭城址和邱家庄墓群非法盗掘的。邱家庄墓地位于闻喜县城东南邱家庄与上郭村相连的鸣条岗丘岭上，属于 2006 年国务院公布的第六批全国重点文物保护单位——上郭城址和邱家庄墓群的一部分。墓地正处于运城盆地北端涑水之滨，西北距闻喜县城约 4 公里。墓地最早发现于 1959 年，20 世纪 70 年代以来，山西省文物部门正式发掘过多次，共发现两周墓葬 500 余座，实际发掘共 120 余座。发掘墓葬中出土了大量精美的青铜器、玉器、金器等，是晋南地区发现的高级别贵族墓葬区之一。20 世纪 80 年代，北京大学在该墓地做过调查，当时在邱家庄墓地北部断面上发现不少墓葬，最大的墓葬墓口长近 40 米，周围还有很多板瓦、筒瓦残片，从时代上看应为战国。目前，山西省文物部门正在这个区域进行详细的考古勘探。

　　晋国自建立以来直至三家分晋，都城多次迁徙，先后为翼、绛、新田等。翼是晋国早期都城，其大致位置在曲沃县和翼城县交界附近，过去发现的天马—曲村遗址经考古证实是晋国早期重要的政治中心和晋侯墓葬区，应距离翼都不远。绛，是指晋景公迁都新田以前的都城，即晋献公至晋景公时期都城。在晋献公以前，据历史学家推测，曲沃恒叔、庄伯和武公时期的政治中心可能位于闻喜一带，但没有考古资料证实。上郭—邱家庄墓地从地理位置看，与历史记载的"曲沃"相吻合。从墓地的时代看，上起西周晚期，下至春秋晚期，甚至延续至战国（西南近上郭时代早，东北近邱家庄时代晚）；从性质看，属于典型的晋文化墓葬；从出土遗物和墓地规模看，属于高等级贵族墓葬。结合《左传》记载的晋国史相关内容，此墓地早期可能为晋国公墓地，晚期应为战国重要贵族墓地。

狩猎纹青铜卮

战国（公元前 475 年—公元前 221 年）
二级文物
高 17.1 厘米，口径 10.1 厘米
山西闻喜“6.03”系列盗掘古墓葬案追缴

此卮呈筒形，深腹，下接三矮足。器身由上至下饰三层狩猎纹，上、下层纹饰内容一致：二人同猎一豹，豹跃动四足作挣扎状，头部已被一矛类兵器穿透；豹后一人以矛类兵器刺其臀，豹前一人以一手握豹前足，一手执短剑作欲刺状。中层纹饰为二人同猎一鹿，中间一大角鹿低头踡腿作奋力反抗状，其上有一鸟作飞翔状，鹿背已中一箭；鹿前一人赤裸上身，腰插剑鞘，一手握鹿角，一手执短剑作欲刺状；鹿后一人头戴山字形冠，身背箭囊，双腿略曲，作张弓欲射状。

此纹饰直观反映了上古先民从事狩猎的场景，从中可以观察到其狩猎的对象、方式、工具及当时当地的服饰风格。此类纹饰此前多见于山西等地出土的青铜壶身装饰，并不普遍具有战国时期的时代特征。

同类器物此前多被称为“卮”“铚”“环耳三足器”等。《说文解字》：“卮，圜器也，一名觛，所以节饮食。”圜形器是商周青铜容器的普遍特征，仅以《说文解字》等文献难定卮究竟为何种圜器。宋代以来的学者多以椭圆形口、圜腹类器为卮，今多称之为銔。此外，战国至秦汉时期曾流行一种杯形饮酒器，筒形腹，平底，腹侧有环耳，学界多称之为卮。该类器多为陶、漆木器，少见铜器。关于“铚”，裘锡圭等先生认为，其是一种深腹筒形器，多有盖，下接三个矮足，上腹部往往有半环耳和提梁，部分器物中腹部一侧有环形鋬。日本学者林巳奈夫主编的《汉代的文物》发表了日本宁乐美术馆所藏的一件丢失了提梁的三足提梁筒形器，器身刻有铭文“河平元年供工昌造铜铚，容二斗，重十四斤四两，护武、啬夫昌主，右丞谭、令谭省”，其中该器自名为铚，应该就是此类器物的名称。《说文解字》载“铚，温器也，圜直上”，也符合该器竹筒状腹壁的形制特征，该类器确可名之为铚。本器与铚的形制非常近似，尺寸也大体相当，但提梁、盖之有无仍然是二者的显著区别，目前尚不能断定二者是否为同名器物。目前发现的铚大都晚至汉代，而此器时代则可早至战国早期，二者在形制、功能方面或可能存在渊源关系。今暂沿用旧名。

据青铜铚类器出土时的保存状态和内部残留物判断，其主要功能是盛酒、温酒，有时亦用来盛装肉食、汤羹等。从本器的器形、尺寸及其与杯形卮的相似性等情况推测，本器应该还可以用来饮酒。

青铜匜

战国（公元前 475 年—公元前 221 年）

二级文物

高 13.8 厘米，长 27 厘米

山西闻喜 "6.03" 系列盗掘古墓葬案追缴

此匜略呈椭圆形，前有封顶式兽首形流，后有卷躯龙形鋬，平底，下承三兽蹄形足。

匜出现于西周中晚期，流行至战国，是举行沃盥礼时的水器，通常与盘组合使用，用匜注水，以盘承接弃水。周代贵族墓葬中的盘、匜往往同出，且匜常置于盘中。不过个别情况下，

匜也可以用作酒器。春秋时期的鲁大司徒元匜铭文中将其自名为 "饮盉"，表明该器可以用来饮酒。匜的基本形制为腹部近瓢，前有注，后有鋬，早期多有四足。因形制近于瓢，学者推测其造型模仿自半瓢。

鸟形青铜灯

战国（公元前 475 年—公元前 221 年）

二级文物

通高 13.5 厘米

山西闻喜 "6.03" 系列盗掘古墓葬案追缴

　　此青铜灯整体为一振翅欲飞的立鸟，立于镂空圆形底座上。鸟首处接一曲折状盘柄，上承一莲瓣形灯盘。

　　青铜灯是贵族的日常照明用具。目前发现的最早的灯具是一种陶质的豆形灯，其形制直接从作为食器的陶豆演变而来。

青铜灯在东周时才出现并逐渐流行，此后一直作为贵族的日用杂器，未进入高级礼器之列。然而，高级贵族使用的青铜灯仍堪称奢华，造型精美，设计巧妙，体现了当时工匠的高超智慧和精湛工艺。

菱形纹青铜剑

春秋（公元前 770 年—公元前 476 年）
一级文物
长 60 厘米，宽 5 厘米
山西省打击文物犯罪专项行动追缴

此剑剑脊呈直线，从斜而宽，两从均匀，倒凹字格，较厚，圆茎有双箍，便于缠缑，同心圆剑首。剑格上镶嵌绿松石，剑身装饰有规则菱形纹，为典型的春秋晚期吴越地区流行式样。

春秋战国时期各诸侯国铸造的青铜剑中，吴越式剑因性能好、制作精良被各国奉为至宝。各国贵族都以拥有吴越青铜剑为荣，并通过馈赠、战争等方式争相获取，数量众多的吴越王剑在各地的出土便是这一现象的直接体现。

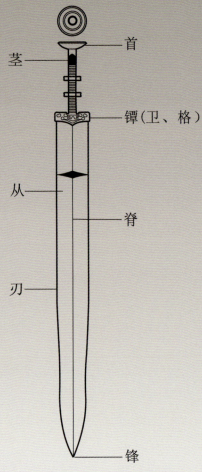

青铜剑各部位名称示意图

青铜剑

战国（公元前 475 年—公元前 221 年）
一级文物
长 38 厘米，宽 4.5 厘米
山西省打击文物犯罪专项行动追缴

　　此剑剑身短而两从较宽，中脊隆起，鹰纹格，鹰作展翅飞翔状，扁茎，蟠虺纹剑首，中脊采用二次铸造工艺制作而成。这种工艺制作出的青铜复合剑又称双色剑，与菱形纹饰、剑首同心圆，被称为吴越铜兵技术三绝，显示了吴越青铜器上的多项精湛技艺和重大发明。

　　春秋时期成书的《考工记》，已总结出铜锡合金的六种配比，用以铸造不同使用要求的青铜器物。作为刺杀的青铜剑应锋利，需用质硬的高锡青铜，但格斗时易折断。为克服此弊端，吴越铸剑师用不同成分的青铜两次铸造，先用低锡青铜铸造剑脊，再用高锡青铜铸造锋刃部分并包住剑脊，使青铜剑刚柔相济，大大提高了青铜剑的格斗性能。由于高锡部分色泽黄白，低锡部分色泽偏红，所以又称双色剑。这表明我国早在 2500 多年前就已创造性地应用青铜复合材料提高兵器的使用性能。

蟠螭纹青铜镈（一组 4 件）

春秋（公元前 770 年—公元前 476 年）
一级文物
通高 61 厘米，宽 43 厘米
通高 53 厘米，宽 37 厘米
通高 48 厘米，宽 35.5 厘米
通高 45 厘米，宽 32 厘米
山西闻喜"6.03"系列盗掘古墓葬案从香港追缴

镈是先秦乐钟的一种，与钮钟、甬钟同属。此青铜镈上小下大，组作镂空双龙相对形，舞部和鼓部饰兽首衔凤纹，钲部饰兽首双身纹，篆部饰蟠螭纹，枚为盘绕状螭纹，纹饰精美，铸造工艺精细。镈出现于商代晚期，春秋早期之后较为流行，且出现成列的编镈。文献记载镈"如钟而大"，镈与钟外形相近，但口沿平直，横切面为椭圆形，因而只能产生一个音频，其乐音低沉悠长。但在演奏中的具体作用众说纷纭，有学者认为其仅在乐曲开始和结束时敲击，有学者认为其在编钟演奏中

作为配乐敲击等。

这组春秋时期的一级文物是犯罪分子从闻喜上郭城址和邱家庄墓群中盗掘，其中最小的一件因破损未及倒卖，其余3件几经易手，先后流转于北京、天津、上海、深圳等地。公安机关循线追踪，发现文物已卖给香港买家，立即赶赴香港开展工作，通过爱国感召、政策攻心和友好人士斡旋，迫使买家将3件重量级的国宝带到北京，终使4件铸钟团圆回家。

暴力化

在巨额利益的诱惑下，犯罪分子穷凶极恶、铤而走险，使用炸药定向爆破等盗掘手段，持枪、持械武力对抗执法，甚至暴力伤害文物保护管理人员和公安民警，手段极其残忍，社会影响极其恶劣。

【西藏山南"8.18"系列文物盗窃案】

2017 年 8 月 18 日，西藏自治区山南市公安局获取一条重要情报：有不法分子拟于近期在曲松县盗掘文物。经过近 7 个月的连续奋战，专案组成功打掉一个长期在山南市乃东、曲松 12 县区及拉萨、日喀则等地流窜盗窃、盗掘古文化遗址的犯罪团伙，团伙成员大多携带枪支、弹药等凶器，胆大妄为、不计后果。截至目前，21 名犯罪嫌疑人、13 名购赃人员全部被缉拿归案，追缴各类文物 311 件，其中二级文物 37 件、三级文物 119 件。

追缴的枪支、弹药

公元 7 世纪松赞干布统治时期，佛教自中原汉地、印度、尼泊尔等地传入西藏，并融合当地文化信仰，形成具有鲜明地域特色和民族色彩的藏传佛教艺术。与之伴随的佛造像艺术也经历了模仿、成熟与衰落几个阶段。14 世纪以前，西藏地区的造像主要模仿周边地区的造像风格，呈现多样化。14 世纪以后，藏地本土造像艺术风格渐趋形成，并在 15—16 世纪达到顶峰，造像比例匀称，制作精细、华丽。17 世纪以后，造像造型逐渐简单化和形式化，宗教性更加明显。

铜释迦牟尼佛坐像

12—13 世纪
三级文物
高 60 厘米，宽 6.7 厘米
西藏山南 "8.18" 系列文物盗窃案追缴

释迦牟尼是佛教的创始人，本名"乔达摩·悉达多"，公元前 566 年出生于古印度北部迦毗罗卫国（今尼泊尔南部提罗拉科特附近），是净饭王的太子。为寻求对人生诸苦的解脱，他舍弃豪华生活，出家修行，最终得道成佛。为颂扬佛教精神，后人对释迦佛的塑造多表现其智慧、坚忍、安详的姿态。此尊造像面相方圆，直鼻、宽嘴，着袒右肩式袈裟，袈裟轻薄贴体，佛左手结禅定印，右手施触地印，结跏趺坐于莲座上。

鎏金铜阿閦佛坐像

13—14 世纪
二级文物
高 17.5 厘米，宽 12.8 厘米
西藏山南 "8.18" 系列文物盗窃案追缴

　　此尊造像佛冠高耸，面目清秀，眉眼细长，鼻梁高挺，双唇微敛，双耳两侧宝缯与佛冠相连。宽肩细腰，袒上身，戴璎珞、臂钏、手镯，下身着裙，裙子轻薄贴体，仅以线条表示裙边。左手结禅定印，右手施触地印，结跏趺坐于莲花宝座上。

　　阿閦佛为五方佛之一。五方佛，又称 "五方如来" "五智如来"，源自密宗金刚界思想，东南西北中五方，各有一佛主

持，分别是中央的法身毗卢遮那佛（俗称 "大日如来"，即是化身释迦牟尼佛）、东方的阿閦佛、西方的阿弥陀佛、南方的宝生佛、北方的不空成就佛。阿閦佛，又称 "不动佛" "不动如来"，是金刚界五智如来中的东方如来，代表大圆镜智，亦称金刚智。

铜金刚亥母坛城

11—12 世纪
二级文物
高 20 厘米，宽 7.5 厘米
西藏山南 "8.18" 系列文物盗窃案追缴

　　金刚亥母，藏文名为多吉帕母（Rdo 一 jre 一 phag 一 mo，金刚猪母），因猪在汉地十二生肖中属亥，故一般译为 "金刚亥母"。金刚亥母是藏传佛教崇奉的一尊重要的空行母，密修本尊上乐金刚的明妃。常见造像有两种：单身像头戴骷髅冠，顶竖怒发，面有三目，全身赤裸，以璎珞和骷髅为饰，左手托盛满人血的嘎巴拉碗，右手持钺刀，左腿站立，踏邪魔外道，右腿屈曲悬空，身体作舞蹈状，头部右侧猪头是其形象的重要

标识；双身像即金刚亥母与上乐金刚相拥而立。

　　在佛教传统教义中，猪是作为三毒（指每个人具有的贪、嗔、痴三种缺点）中 "痴" 的象征，痴即愚昧，所以金刚亥母自然就成了清除人们痴毒的斗士，她手上的钺刀既像刀又像钩，象征清除人的一切愚昧。手托满盛鲜血的嘎巴拉碗，象征她获得了极乐的体验，暗示其事业的成功。

铜不动明王立像

12—13世纪

二级文物

高17厘米，宽10厘米

西藏山南"8.18"系列文物盗窃案追缴

　　不动明王，又称不动金刚明王、不动使者、无动尊、无动尊菩萨，为密教五大明王的主尊。明王是象征禅定五佛降服嗔痴邪见法力的神秘之王，具有内明学识和包含在其经咒之内的神通法力，通常以禅定五佛及其胁侍的忿怒像身形出现。与禅定五佛对应的有五大明王：对应中央大日如来的不动明王、对应东方不动佛的降三界明王、对应南方宝生佛的军荼利明王、对应西方阿弥陀佛的大威德明王和对应北方不空成就佛的金刚

夜叉明王。

　　其中，不动明王在密教文献中被称为大日如来破除我执的化身，有时也作为禅定五佛中不动佛（阿閦佛）的忿怒相化身。其形象有一面二臂、四面四臂、三面八臂、四面八臂等，在汉地多见二臂造型。不动明王的特点是身为青黑色，右手持剑，左手持绢索，面部表情狰狞，额上有水波纹状皱纹，束发披于左肩，头顶上有称为莎髻的特殊发髻。

鎏金铜噶当佛塔

13 世纪
二级文物
高 18.5 厘米，宽 8.5 厘米
西藏山南 "8.18" 系列文物盗窃案追缴

　　噶当塔为佛塔的一种，以铃铛形塔身为特征。相传为 11 世纪印度高僧阿底峡传法时首次传入。因流行于阿底峡弟子仲顿巴所创立的噶当派盛行时期，被称为 "噶当塔"。

　　阿底峡是藏传佛教历史上朗达玛王灭法之后在西藏复兴佛教的第一位重要人物，其青壮年时代不但在印度大陆上研习佛法，还曾三度入海，在金洲（今苏门答腊）师从法护（也称金洲大师）研习佛法。公元 1041 年，阿底峡应古格王国国王菩提光迎请到阿里弘法三年，后应邀启程前往前藏，一路上讲经传法，经过拉多绛、宁措、桑耶等地，到达拉萨。阿底峡在西藏弘法近 13 年后，于公元 1054 年阴历十月十八日示寂于拉萨附近的聂塘。

　　传说阿底峡入藏时带来了阿育王时期东印度铜铸莲聚塔和

西印度铜铸祝寿塔的模型，同时也将建塔基本理论和建塔技术传给西藏。阿底峡的上师那若巴大师是超岩寺一流密法大师，在那若巴示寂后，阿底峡请了舍利，带到了西藏，现在聂塘寺中的舍利塔就是为供奉至尊那若巴的舍利而建造的。阿底峡还做了一个小塔，常常带在身旁，一作为供养培福之所依，二为时时怀念上师那若巴，所以唐卡中常将噶当塔绘于阿底峡身旁。

　　从绘有阿底峡的唐卡、聂塘寺度母塔以及小型铜质噶当塔中可以看到，噶当塔最突出的特征是没有须弥座，佛塔基座很矮，为一周覆莲，覆钵为摇铃状或圆筒状，由一周仰莲承托，塔瓶略微上收下侈，塔身较高，塔斗较大，为方形或十字折角形，十三天粗壮，刹顶为宝珠，在风格上与犍陀罗风格佛塔相似。

鎏金铜密集金刚像

15—16 世纪
二级文物
高 26 厘米，宽 17.5 厘米
西藏山南 "8.18" 系列文物盗窃案追缴

密集金刚是藏传佛教密宗修习观想的五大本尊之一，又称 "集密金刚" 或 "密聚金刚"。在藏传佛教尤其是格鲁派教法中，非常重视密集金刚之法的观修。也有说密集金刚是从密宗五方佛中的东方阿閦佛化身演变而来的，在藏传佛教格鲁派教法中则说其是格鲁派创始人宗喀巴大师的守护神。

传统的密集金刚造像也有自己的造像法度和艺术要求。一般而言，密集金刚是双身跏趺坐像造像，本尊有三头、三眼，

左头为白色，中头为蓝色，右头为红色。身体通常是深蓝色，有六只手臂，主臂两手拿金刚杵，拥抱明妃，结跏趺坐于莲台上。其余的四只手分别持法轮、火焰掌、莲花和宝剑。

密集金刚的造像一般都供奉在密宗殿之中，较大型的造像是泥塑彩绘，色彩艳丽分明，有文静与忿怒等不同的表情。壁画中的密集金刚更显得文静安详，雕塑中的密集金刚则多了些威严沉思的动态感觉。

木雕祖师坐像

18—19 世纪

三级文物

高 25.7 厘米，宽 16.7 厘米

西藏山南 "8.18" 系列文物盗窃案追缴

藏传佛教的信奉神系庞杂，除信奉菩萨外，还将祖师、本尊、佛母和护法也作为特有供养对象，其中又以祖师供养为首位。祖师是弟子与佛法僧三宝的媒介和桥梁，不仅为弟子开启修持密法之门，还对教授和弘扬佛法有重要作用，是藏传佛教发展过程中的重要人物。

藏传佛教的祖师包括藏传佛教各派的创始人或是对本派教理教义、教法的形成、传播起过重要作用的高僧大德以及藏传佛教的转世活佛和印度大成就者。历代工匠塑造了大量具有写实风格的祖师像，以供人们供奉。

藏传佛教派林立，各派祖师的标识不同、装饰不同，其中头冠样式是各派的主要区别之一。噶举派的头冠是元代的国师帽，帽边两侧向上翻，帽前饰有日月的标志；萨迦派的头冠为筒形平顶帽，有的还将两边卷在头顶；格鲁派的头冠多为黄色尖顶班智达帽。

阿閦佛擦擦（12件）

13—14世纪

三级文物

高5.8厘米，宽5.8厘米

西藏山南"8.18"系列文物盗窃案追缴

　　"擦擦"是藏语的音译，意思是完美的形象或者复制，特指用小型模具印制的泥塑造像或佛塔、佛经等用品。这一特殊的艺术形式发源于印度，并经中国大陆流传到日本、泰国等地，由于其体型较小，携带方便，制作工艺简单，成为宣传佛法极为便利的一种形式，受到信徒们的推崇和喜爱，进而得以广泛流传。

　　由于擦擦系后弘期从印度引进，因此其造像样式在最初具有典型的印度波罗王朝风格特征。进入13世纪后，印度风格的影响逐渐消退，擦擦也随之发展成为具有独特艺术风格的西藏造像样式。

智能化

红外夜视仪、金属探测器、三维立体成像探测仪等先进设备和信息技术手段被犯罪分子广泛利用，作案手法隐蔽性强，犯罪手段日益呈现智能化特点。

【四川眉山"5.01"特大盗掘、倒卖文物案】

2005 年 4 月，四川省眉山市彭山区修建饮水工程时在江口岷江河道发现一段木鞘，内藏 7 枚银锭。江口岷江河域有沉银的消息不胫而走。2014 年初，数十名文物盗贼蜂拥而至，利用金属探测仪、潜水服、氧气瓶等专业水下作业工具夜间潜入江底疯狂盗掘。公安部挂牌督办、国家文物局督查，眉山市公安机关历时两年，投入精干警力 3000 余人，辗转 10 多个省市，成功破获此案。打掉犯罪团伙 10 个，摧毁倒卖文物网络 9 个，抓获犯罪嫌疑人 70 名，追缴涉案文物 1000 余件，其中一级文物 8 件、二级文物 38 件、三级文物 54 件，涉案文物交易金额达 3 亿余元人民币。

犯罪分子作案用的金属探测仪、潜水服等工具

　　2017 年 4 月至 2018 年 4 月，四川省文物考古研究院联合国家文物局水下文化遗产保护中心、眉山市彭山区文物保护管理所对江口古战场遗址进行了两次抢救性挖掘，共发现各类文物 42000 余件，不但证明了有关张献忠"江口沉银"传说的真实性，更为研究明代中晚期政治、军事、社会生活等提供了重要的实物依据。

江口古战场遗址保护碑

江口古战场遗址鸟瞰图

遗址内一般区域采用机械配合人工方式发掘

遗址内重点区域采用人工方式发掘

文物科技保护者对出水木鞘进行加固、表面除醇处理

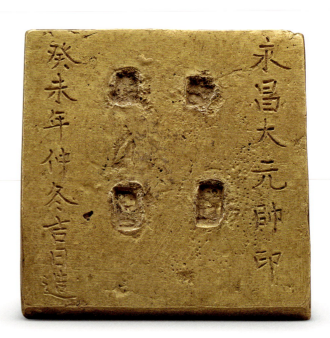

虎钮"永昌大元帅"金印

明 崇祯十六年（公元1643年）

一级文物

印台长10.03厘米，宽10.03厘米，高1.6厘米

金印通高8.6厘米，重3195克

四川眉山"5.01"特大盗掘倒卖文物案追缴

　　此金印印面阳文九叠篆书"永昌大元帅印"，印背右侧阴刻楷书印名，左侧阴刻楷书"癸未年仲冬吉日造"。印背上装饰虎形钮。有学者认为这是张献忠用印。该印是"四川眉山5.01特大盗掘倒卖文物案"追缴的核心文物，对后续江口古战场遗址的考古发掘以及考证遗址年代和性质极为关键。

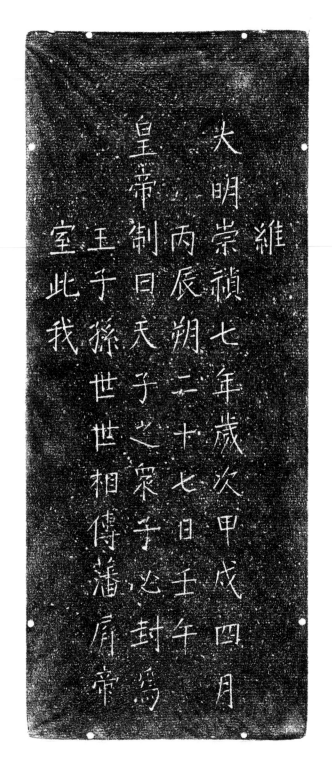

册封亲王金册

明 崇祯七年（公元 1634 年）

长 24.5 厘米，宽 10.21 厘米，厚 0.55 厘米，重 1440 克

2017 年四川彭山江口古战场遗址出水

此金册正面阴刻楷书"维大明崇祯七年岁次甲戌四月丙辰朔二十七日壬午，皇帝制曰：天子之众子必封为王，子孙世世相传，藩屏帝室。此我"。背面无字。

明代建立了严格的宗室爵位制度，将皇子王孙分为八个等级。诸皇子封亲王，亲王嫡长子之外封郡王，由朝廷岁赐食禄，在封地设置王府，世袭爵位，享有特权。通过"四川眉山 5.01 特大盗掘倒卖文物案"追缴，以及后续对江口古战场遗址的考古发掘，发现了多件明代册封亲王、世子、郡王以及王妃的金册、银册，涉及荣、襄、楚、荆、蜀等王府，反映了明代宗室的封藩制度和册封礼仪。

册封郡王银册

明 崇祯十一年（公元 1638 年）
长 21.1 厘米，宽 8.73 厘米，厚 0.5 厘米，重 900 克
2017 年四川彭山江口古战场遗址出水

此银册正面阴刻楷书"维大明崇祯十一年岁次戊寅四月甲午朔二十七日庚申，皇帝制曰：天子之众子必封为王，王之众子封为郡王，世世相传。此我"。背面无字。

明代的宗室爵位制度：皇子封亲王。亲王嫡长子，年及十岁，立为王世子，长孙立为世孙。诸子年十岁，封为郡王。嫡长子为郡王世子，嫡长孙授长孙。诸子授镇国将军，孙辅国将军，曾孙奉国将军，四世孙镇国中尉，五世孙辅国中尉，六世以下皆奉国中尉。

册封郡王妃银册

明　万历三十五年（公元 1607 年）
长 21.7 厘米，宽 8.7 厘米，厚 0.67 厘米，重 920 克
2017 年四川彭山江口古战场遗址出水

此银册正面阴刻楷书"维万历三十五年岁次丁未三月癸亥
朔越二十二日甲申，皇帝制曰：朕惟太祖高皇帝之制，郡王之
配必封为妃，所以重人口之始也。东"。背面无字。

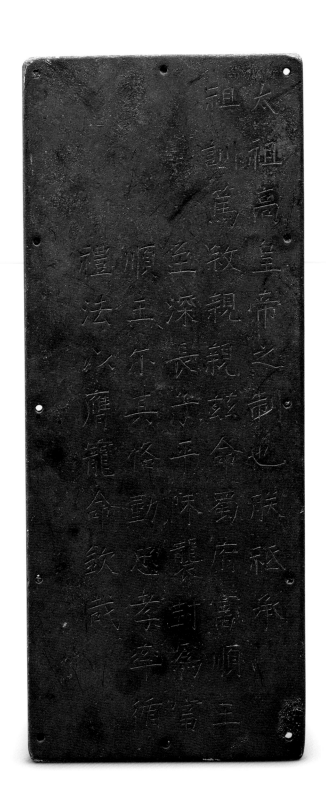

册封蜀府富顺郡王银册

明（公元 1368 年—1644 年）
长 21.2 厘米，宽 8.65 厘米，厚 0.5 厘米，重 895 克
2017 年四川彭山江口古战场遗址出水

　　此银册正面阴刻楷书"太祖高皇帝之制也。朕祗承祖训，笃叙亲亲，兹命蜀府富顺王至深长子平陈袭封为富顺王。尔其恪勤忠孝，率循礼法，以膺宠命，钦哉"。首代蜀府富顺王朱至深为蜀恭王朱奉铨嫡三子，万历四十四年（公元 1616 年）册封。这是册封其长子朱平陈为二代富顺王的银册。

册封荣府福宁王妃银册

明（公元 1368 年—1644 年）

二级文物

长 22.5 厘米，宽 9.2 厘米，厚 0.4 厘米，重 855 克

四川眉山 "5.01" 特大盗掘倒卖文物案追缴

　　此银册正面阴刻楷书 "宁王，尔口氏乃南城口口口指挥天
爵之女，选以为配，特授以银册，封为福宁王妃。尔尚肃整闺
仪，恪勤妇道，以隆尔家，钦哉"。荣府福宁王朱厚熹为荣庄

王朱祐枢嫡二子，正德十年（公元 1515 年）册封。朱厚熹无子，
福宁王仅册封一代。这是册封福宁王妃的银册。

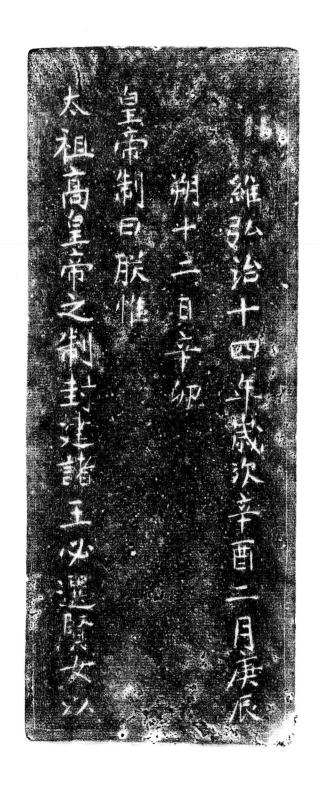

册封荣庄王朱祐枢妃金册

明 弘治十四年（公元 1501 年）
长 23.8 厘米，宽 9.6 厘米，厚 0.48 厘米，重 1480 克
2017 年四川彭山江口古战场遗址出水

此金册正面阴刻楷书"维弘治十四年岁次辛酉二月庚辰朔十二日辛卯，皇帝制曰：朕惟太祖高皇帝之制，封建诸王必选贤女以"。背面无字。这是册封第一代荣王朱祐枢妃刘氏的金册。

江口古战场遗址发现了多件与明代荣王府相关的金册、银册。首代荣王为明宪宗朱见深十三子朱祐枢，弘治四年（1491年）册封，正德三年（1508 年）就藩湖南常德府。

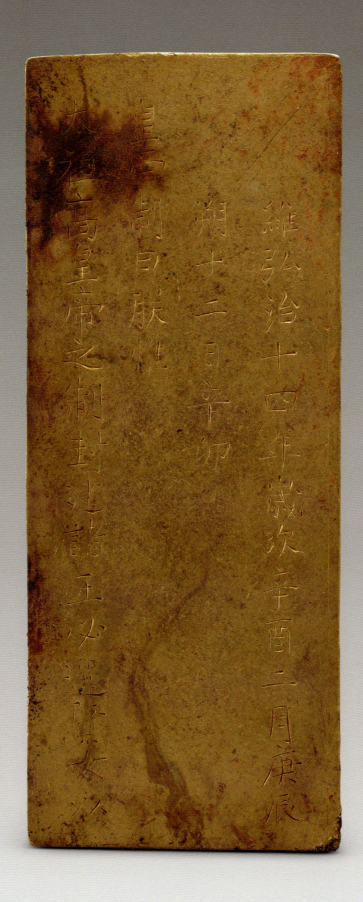

維弘治十四年歲次辛酉二月庚辰
朔十二日辛卯
皇帝制曰朕惟
大祖高皇帝之制封主必諭五必遵陵女必

册封荣怀王朱厚勳妃金册

明　嘉靖十九年（公元 1540 年）

长 23.7 厘米，宽 9.38 厘米，厚 0.55 厘米，重 1475 克

2017 年四川彭山江口古战场遗址出水

　　此金册正面阴刻楷书"维嘉靖拾玖年岁次庚子拾贰月戊午朔贰拾伍日壬午，皇帝制曰：朕惟太祖高皇帝之制，册封亲王必及其配者，所以重人伦之道，此古今之通义也。尔马氏已封"。背面无字。这是册封第二代荣王朱厚勳妃马氏的金册。

册封荣恭王朱载墀金册

明 嘉靖十八年（公元 1539 年）

长 25.1 厘米，宽 9.77 厘米，厚 0.46 厘米，重 1385 克

2017 年四川彭山江口古战场遗址出水

　　此金册正面阴刻楷书"祖训，笃叙亲亲，兹命荣世孙载墀袭封为荣王，授以金册。尔其恪勤忠孝，亲贤爱民，永为藩辅，钦哉毋怠"。背面无字。这是册封第三代荣王朱载墀的金册。

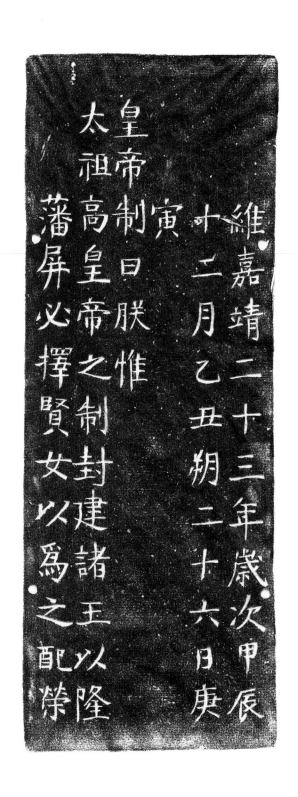

册封荣恭王朱载墀妃金册

明 嘉靖二十三年（公元 1544 年）
长 24.2 厘米，宽 9.25 厘米，厚 0.55 厘米，重 1470 克
2017 年四川彭山江口古战场遗址出水

此金册正面阴刻楷书"维嘉靖二十三年岁次甲辰十二月乙丑朔二十六日庚寅，皇帝制曰：朕惟太祖高皇帝之制，封建诸王以隆藩屏，必择贤女以为之配。荣"。背面无字。这是册封第三代荣王朱载墀妃徐氏的金册。

維嘉靖二十三年歲次甲辰
十二月乙丑朔二十未日庚
寅

皇帝制曰朕惟

大祖高皇帝之制封建諸王以隆
藩屏必擇賢女以為之配作隆

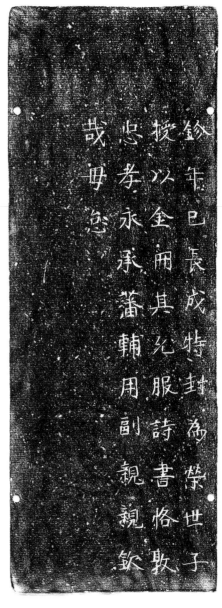

左侧

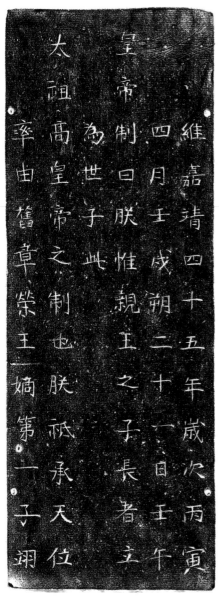

右侧

册封荣王世子朱翊鍌金册

明 嘉靖四十五年（公元 1566 年）

左侧：长 24.4 厘米，宽 9.3 厘米，厚 0.48 厘米，重 1475 克

右侧：长 24.5 厘米，宽 9 厘米，厚 0.6 厘米，重 1475 克

左侧：2017 年四川彭山江口古战场遗址出水

右侧：四川眉山"5.01"特大盗掘倒卖文物案追缴

这两件金册发现时间不同，但内容连接。金册正面阴刻楷书"维嘉靖四十五年岁次丙寅四月壬戌朔二十一日壬午，皇帝制曰：朕惟亲王之子长者立为世子，此太祖高皇帝之制也。朕祗承天位，率由旧章荣王嫡第一子翊鍌年已长成，特封为荣世子，授以金册。其允服诗书，恪敦忠孝，永承藩辅，用副亲亲，钦哉毋怠"。背面无字。这是第四代荣王朱翊鍌被册封为世子的金册。

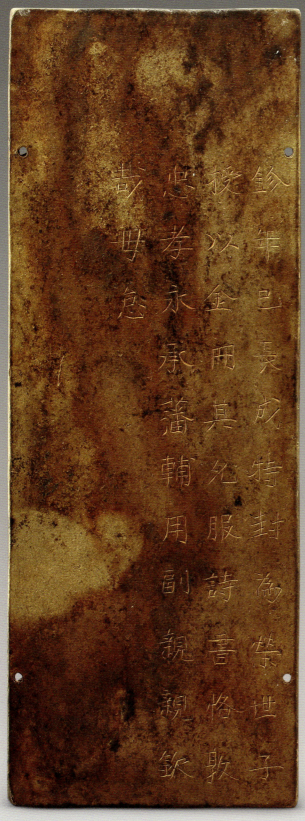

左側　　　　　　　　　　右側

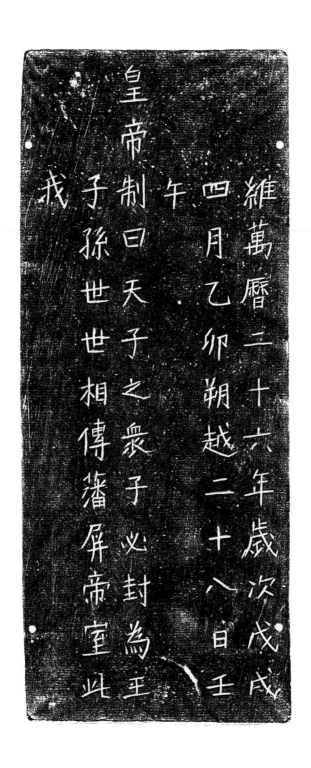

册封荣王朱翊鈏金册

明 万历二十六年（公元 1598 年）

长 24 厘米，宽 10 厘米，厚 0.65 厘米，重 1480 克

2017 年四川彭山江口古战场遗址出水

此金册正面阴刻楷书"维万历二十六年岁次戊戌四月乙卯朔越二十八日壬午，皇帝制曰：天子之众子必封为王，子孙世世相传，藩屏帝室，此我"。背面无字。这是册封第四代荣王朱翊鈏的金册。

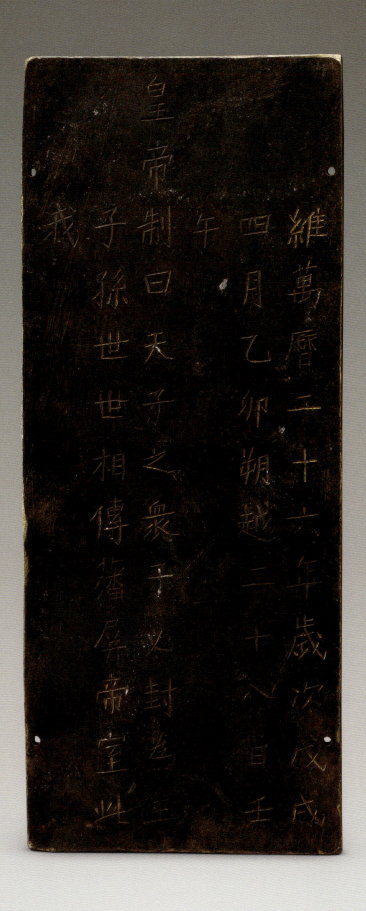

維萬曆二十六年歲次戊戌
四月乙卯朔越二十八日壬
午
皇帝制曰天子之眾子必封之王
戎子孫世世相傳藩屏帝室此

册封荣王朱常溎金册

明 万历四十二年（公元 1614 年）
一级文物
长 23.8 厘米，宽 10 厘米，厚 0.6 厘米，重 1395 克
四川眉山"5.01"特大盗掘倒卖文物案追缴

此金册正面阴刻楷书"太祖高皇帝之制也。朕仰遵祖训，笃叙亲亲，兹命荣定王世子常溎袭封为荣王，授以金册。尔其恪勤忠孝，亲贤爱民，永为蕃辅，钦哉毋怠"。背面无字。这是册封第五代荣王朱常溎的金册。

册封荣王朱常潱继妃金册

明　万历四十二年（公元 1614 年）
长 23.5 厘米，宽 10 厘米，厚 0.64 厘米，重 1440 克
2017 年四川彭山江口古战场遗址出水

　　此金册正面阴刻楷书"通义也。尔刘氏已封为荣世子继妃，今常潱袭封为荣王，特授尔金册，进封为荣王继妃。尔尚靖恭妇仪，兄勤内助，以隆尔家，钦哉"。背面无字。这是册封第五代荣王朱常潱继妃刘氏的金册。

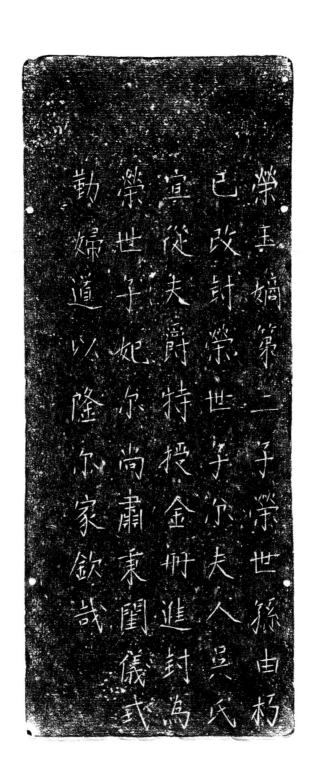

册封荣王世子朱由枌妃金册

明 万历四十四年（公元 1616 年）
长 24.4 厘米，宽 10.1 厘米，厚 0.61 厘米，重 1415 克
2017 年四川彭山江口古战场遗址出水

此金册正面阴刻楷书"荣王嫡第二子荣世孙由枌已改封荣世子，尔夫人吴氏宜从夫爵，特授金册，进封为荣世子妃。尔尚肃秉闺仪，式勤妇道，以隆尔家，钦哉"。背面无字。这是第六代荣王朱由枌被册封为荣王世子后，册封世子妃吴氏的金册。

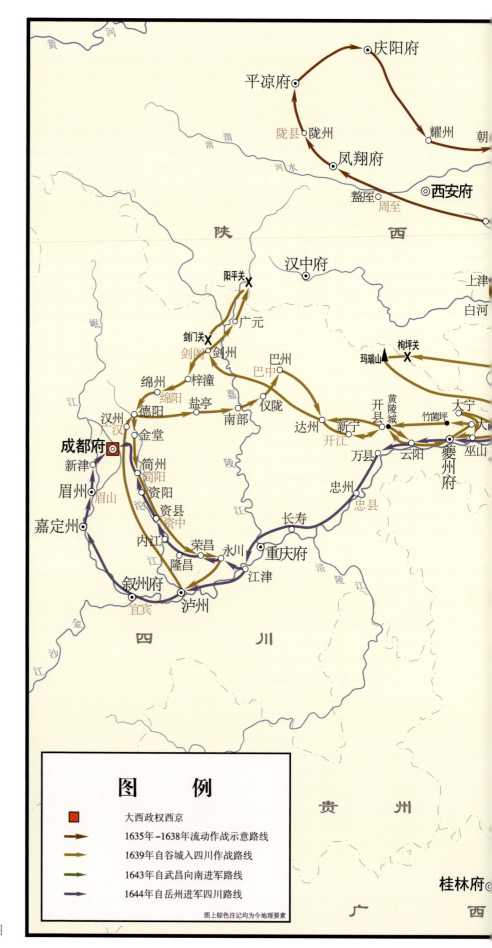

　　　　　　　张献忠行军路线示意图

张献忠行军路线示意图

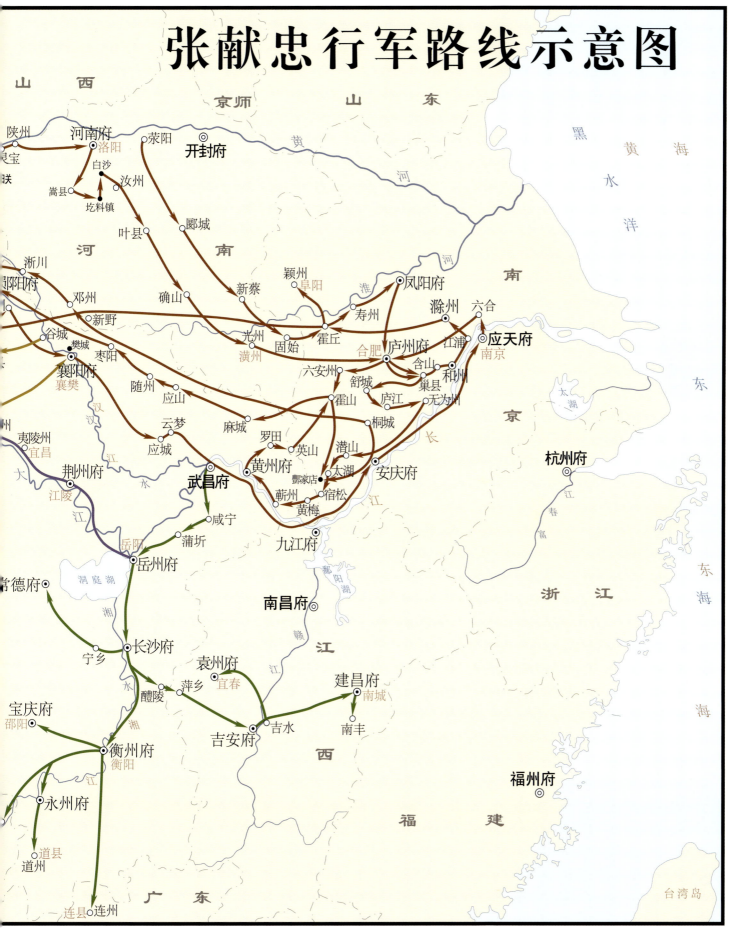

审图号：GS（2018）4078号

木鞘

明（公元 1368 年—1644 年）

上盖长 128.5 厘米，宽 17 厘米

下盖长 127.5 厘米，宽 17 厘米

2017 年四川彭山江口古战场遗址出水

这是迄今为止首次考古发现的木鞘，发现时内部塞满了银锭，周边也散布着银锭，证实了张献忠"木鞘藏银"的传说。其制作方法是将一根完整的木头剖成两半，中间掏空，装入银锭后把两半木头合起，再用铁片或铜片箍紧，以便于银锭运输。

长沙府"岁供王府"五十两金锭

明 天启元年（公元 1621 年）

一级文物

长 12.75 厘米，宽 7 厘米，高 4.4 厘米，重 1805 克

四川眉山"5.01"特大盗掘倒卖文物案追缴

　　金锭内底錾刻铭文"长沙府天启元年分岁供王府足金伍拾两正，吏杨旭，匠赵"。这是长沙府上供藩王府的岁供黄金，为已知明代金锭中的最大锭型，存世稀少。1643 年 8 月，张献忠攻克长沙，可能是从吉王府中得到此金锭。

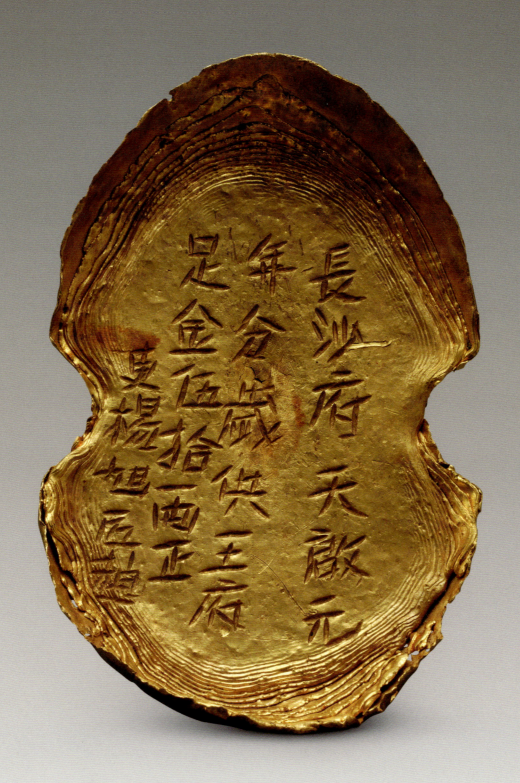

長沙府 天啟元
年分歲供王辰
足金伍拾一兩正
真楊旭臣記

武冈州"都水司正银"一百两银锭

明 万历二十七年（公元 1599 年）
一级文物
长 14.2 厘米，宽 10.06 厘米，高 7 厘米，重 3700 克
四川眉山"5.01"特大盗掘倒卖文物案追缴

　　银锭内底錾刻铭文"征完万历二十七年分都水司正银壹百两正，万历二十七年四月口日武冈州知州应楠，史何添继，银匠王文青"。都水司为明代工部所辖营缮、虞衡、都水、屯田四司之一，掌管河渠航道、道路桥梁等事务，此银锭是都水司专项征银。武冈州在今湖南省武冈县。明代存世银锭多为五十两形制，一百两官银极为罕见。

　　明代政府对白银采取先抑后扬的政策。明初，禁止民间使用金银交易。至中后期，随着一系列赋役改革和"一条鞭法"的全面推行，全国各州县的田赋、徭役基本以银两方式征收和缴纳。江口古战场遗址考古发掘发现了大批刻有时间、地点、用项、官员名及银匠名的明代税银，税种包括"粮银""饷银""轻赍银""义助银""禄银""税契银""行税银"等类，地域涉及河南、湖广、四川、江西、广西、广东诸省，不但是明代中晚期征税制度的反映，也是张献忠主要行军路线的佐证。

耒阳县"太仓银"五十两银锭

明　万历二十六年（公元 1598 年）
长 12.4 厘米，宽 8.4 厘米，高 7.5 厘米，重 1870 克
2017 年四川彭山江口古战场遗址出水

　　银锭内底錾刻铭文"湖广衙门府耒阳县征完万历二十六年分艮（银），太仓银伍拾两，万历二十六年五月"。耒阳县明代属湖广布政使司辖衡州府，在今湖南省耒阳市。"太仓"即"太仓库"，是明代中后期户部储银机构。

巴陵县"庶人口粮银"五十两银锭

明 万历三十二年（公元 1604 年）
长 12.98 厘米，宽 8.1 厘米，高 7.5 厘米，重 1855 克
2017 年四川彭山江口古战场遗址出水

银锭内底錾刻铭文"巴陵县征完三十二年庶人口粮艮（银）五十两正，万历三十二年六月囗日，知县林，艮（银）匠孙福"。巴陵县明代属湖广布政使司辖岳州府，在今湖南省岳阳市。"庶人"为犯罪被贬的宗室成员，"庶人口粮银"可能是用于犯宗庶人口粮的税银。

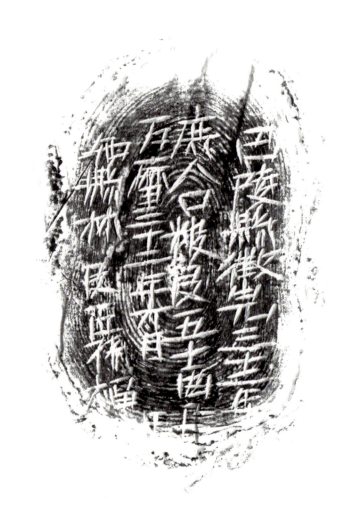

蒲圻县"南粮改折银"五十两银锭

明 天启元年（公元 1621 年）
长 14.1 厘米，宽 8.2 厘米，高 6.8 厘米，重 1870 克
2017 年四川彭山江口古战场遗址出水

　　银锭内底錾刻铭文"蒲圻县征完天启元年南粮改折艮
（银）五十两正，艮（银）匠郑彭方"。蒲圻县明代属湖广
布政使司辖武昌府，在今湖北省赤壁市。"南粮改折银"是
明代政府征收的田赋折银。

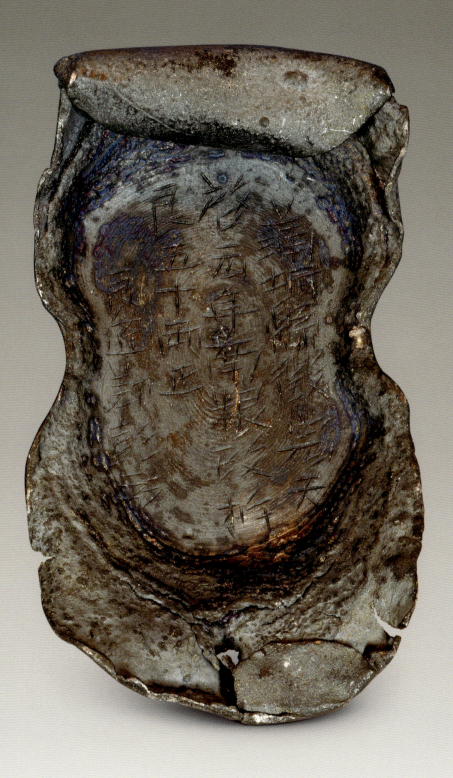

沅陵县"兵饷银"五十两银锭

明 崇祯十年（公元 1637 年）
长 13.2 厘米，宽 6.92 厘米，高 7.5 厘米，重 1825 克
2005 年眉山市彭山区文物保护管理所征集

　　银锭内底錾刻铭文"沅陵县征完解司裁充兵饷银五十两，崇祯十年八月口日，银匠姜国太"。沅陵县明代属湖广布政使司辖辰州府，在今湖南省沅陵县。明末辽东战事兴起，农民起义频发，政府军饷严重不足，在田赋等赋役之外加派各种饷银。"兵饷银"即是其中之一。

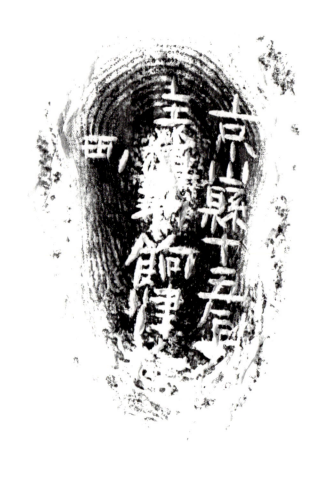

京山县"助饷"银四十两银锭

明 崇祯十五年（公元 1642 年）
长 13.62 厘米，宽 5.98 厘米，高 6.9 厘米，重 1405 克
2005 年眉山市彭山区文物保护管理所征集

　　银锭内底錾刻铭文"京山县十五年主粮助饷肆拾两"。京山县明代属湖广布政使司辖承天府，在今湖北省京山市。据《明史》记载："崇祯五年（公元 1632 年），总督卢象升请加宦户田赋十之一，民粮十两以上同之。既而概征每两一钱，名曰助饷。""助饷"为明末政府加派饷银。

衡阳县"轻赍银"五十两银锭

明 崇祯十五年（公元 1642 年）
长 14.2 厘米，宽 7.5 厘米，高 7.5 厘米，重 1850 克
2017 年四川彭山江口古战场遗址出水

　　银锭内底錾刻铭文"衡阳县征完崇祯十五年分轻赍艮（银）伍十两，艮（银）匠刘永"。衡阳县明代属湖广布政使司辖衡州府，在今湖南省衡阳。"轻赍银"是耗米折银的特称，专指漕粮运输费用中，扣除运军行粮部分后，耗米再折换成的银两。

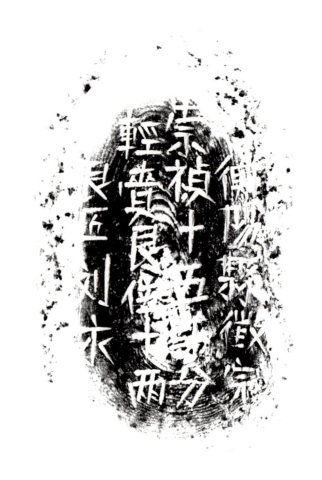

石门县"辽饷银"五十两银锭

明（公元 1368 年—1644 年）
长 13.2 厘米，宽 9 厘米，高 9.2 厘米，重 1865 克
2017 年四川彭山江口古战场遗址出水

　　银锭内底錾刻铭文"石门县征完辽饷银伍拾两"。石门县明代属湖广布政使司辖岳州府，在今湖南省石门县。"辽饷"为明末"三饷"（辽饷、剿饷和练饷）之一。其征收是因后金入侵，辽东战事紧急，军饷不足而起。明末军饷加派迭增，成为经常性"岁额"。

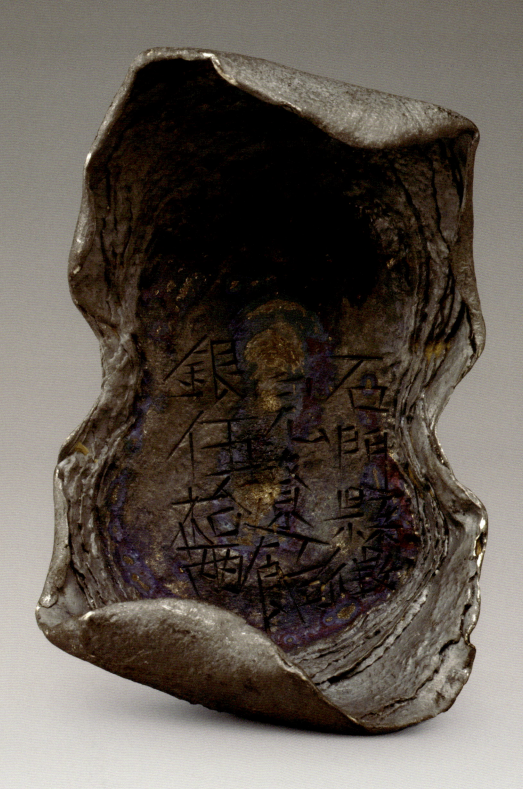

湘潭县"运粮官军行月银"五十两银锭

明（公元 1368 年—1644 年）
长 12.39 厘米，宽 6.86 厘米，高 6.3 厘米，重 1840 克
2005 年眉山市彭山区文物保护管理所征集

　　银锭内底錾刻铭文"湘潭县运粮官军行月银五十两"。湘潭县明代属湖广布政使司辖长沙府，在今湖南省湘潭市。明代漕粮运输有民运和军运之分，军运即由军队运输漕粮，设"漕运总兵"之职。此银锭是用来支付运输漕粮官军的月费等支出，属于漕粮折银的派生税费。

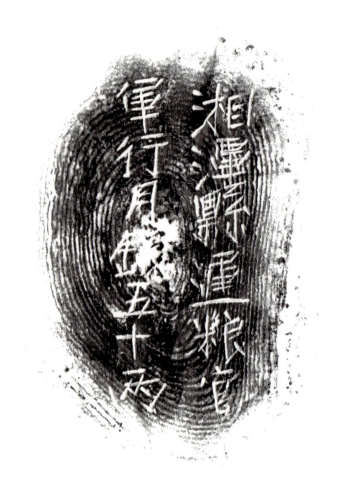

通城县"秋粮银"五十两银锭

明（公元 1368 年—1644 年）
长 13.5 厘米，宽 8.5 厘米，高 7.96 厘米，重 1850 克
2017 年四川彭山江口古战场遗址出水

银锭内底錾刻铭文"通城县征完五年本府秋粮艮（银）五十两，知县朱宗让"。通城县明代属湖广布政使司辖武昌府，在今湖北省通城县。明代田赋采用两税法，分夏秋两季征收。此银锭为秋季征收的田赋折银。

鄱县"马舡银"五十两银锭

明　崇祯六年（公元 1633 年）
长 13.22 厘米，宽 5.99 厘米，高 6.87 厘米，重 1840 克
2017 年四川彭山江口古战场遗址出水

　　银锭内底錾刻铭文"鄱县征完崇祯陆年分马舡银伍拾两"。
鄱（阳）县明代属江西布政使司辖饶州府，在今江西省鄱阳县。
"马舡"即"马船"，明初为专门转运川、滇边区马匹的船只，
后改为运输官府物资所用。

赣州府"宗禄"银五十两银锭

明（公元 1368 年—1644 年）
长 13.5 厘米，宽 8 厘米，高 7.8 厘米，重 1825 克
2017 年四川彭山江口古战场遗址出水

　　银锭内底錾刻铭文"赣州府十四年分宗禄五十两，银匠肖良"。赣州府明代属江西布政使司。明代地方藩王，"世世皆食岁禄"。"宗禄"银即是解往当地藩王府的岁供银。

清江县"扣除力夫"银五十两银锭

明（公元 1368 年—1644 年）
长 14.02 厘米，宽 7.09 厘米，高 6.5 厘米，重 1860 克
2005 年眉山市彭山区文物保护管理所征集

　　银锭内底錾刻铭文"清江县五年扣除力夫伍拾两"。清江县明代属江西布政使司辖临江府，在今江西省樟树市。明代杂役繁多，此银锭为明代政府征收杂役银的一种。

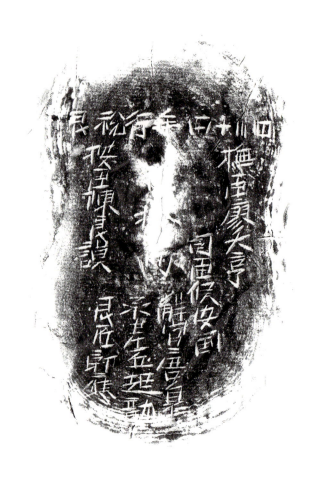

四川十四年"行税银"五十两银锭

明 崇祯十四年（公元 1641 年）
长 14.8 厘米，宽 7.36 厘米，高 6.27 厘米，重 1855 克
2017 年四川彭山江口古战场遗址出水

　　银锭内底錾刻铭文"四川十四年行税艮（银）伍拾两，抚臣廖大亨，司臣侯安国，解官唐皋，承差丘起龙，按臣陈良谟，艮（银）匠郭应"。"行税银"是明代政府征收商税的一种。

四川十六年"地亩银"五十两银锭

明　崇祯十六年（公元 1643 年）
长 14.2 厘米，宽 8.2 厘米，高 6 厘米，重 1835 克
2017 年四川彭山江口古战场遗址出水

　　银锭内底錾刻铭文"四川十六年地亩艮（银）伍拾两，抚臣陈士奇，司臣张有口，解官杨光裕，按臣刘之勃，承差石文光，艮（银）匠郭元"。"地亩银"是明代政府征收土地税的一种。

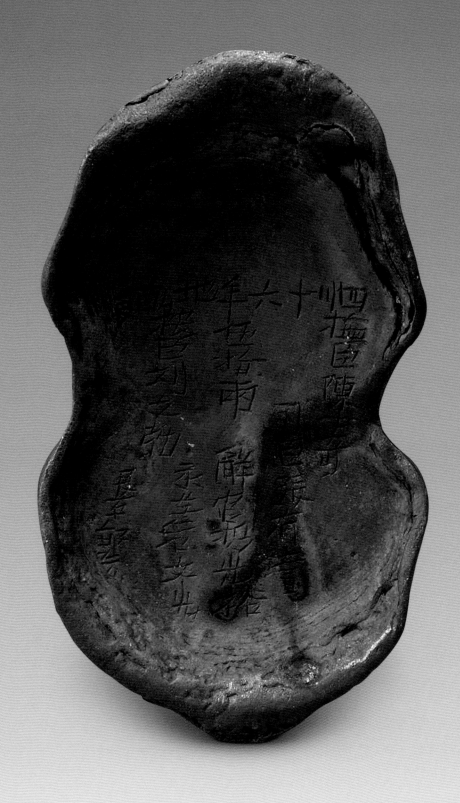

贺县"赡租银"五十两银锭

明（公元 1368 年—1644 年）
长 11.7 厘米，宽 7.7 厘米，高 5.4 厘米，重 1860 克
2017 年四川彭山江口古战场遗址出水

　　银锭内底錾刻铭文"贺县解六年赡租银伍拾两正，贺县银匠杨明"。贺县明代属广西布政使司辖平乐府，在今广西壮族自治区贺县。"赡租"是用于救济的租税。

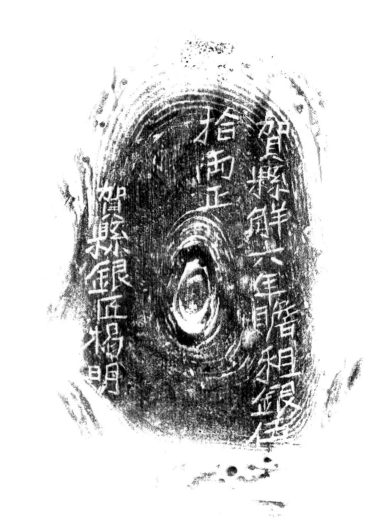

桂平县"税契银"五十两银锭

明（公元 1368 年—1644 年）
长 11.63 厘米，宽 8.12 厘米，高 6.1 厘米，重 1865 克
2017 年四川彭山江口古战场遗址出水

　　银锭内底錾刻铭文"桂平县起解税契银五拾两正，经征官李廷植，艮（银）匠邓英"。桂平县明代属广西布政使司辖浔州府，在今广西壮族自治区桂平市。"税契银"是房屋、田地等买卖契约成立后，办理过户手续时，向政府缴纳的税款。

云南布政使司"新饷襟项银"五十两银锭

明　崇祯十四年（公元 1641 年）
长 13.48 厘米，宽 8.32 厘米，高 5.46 厘米，重 1840 克
2017 年四川彭山江口古战场遗址出水

　　银锭内底錾刻铭文"云南布政使司解崇祯拾肆年分新饷襟项银伍拾两，差官李光先，银匠高士俊"。此银锭为明末政府加派饷银。

偃师县"秋粮银"五十两银锭

明 天启五年（公元 1625 年）
长 11.44 厘米，宽 7.48 厘米，高 7.2 厘米，重 1860 克
2017 年四川彭山江口古战场遗址出水

　　银锭内底錾刻铭文"河南府偃师县秋粮银，天启伍年银伍拾两"。偃师县明代属河南布政使司辖河南府，在今河南省偃师县。此银锭为明代政府征收的田赋折银。

1（正）

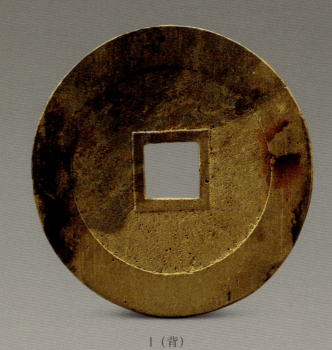

1（背）

2（正）

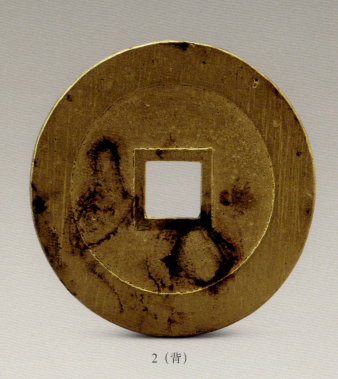

2（背）

"西王赏功"金币（2 枚）

大西政权（公元 1644 年—1646 年）

1：直径 5.03 厘米，厚 0.23 厘米，重 43.87 克

2：直径 5.02 厘米，厚 0.2 厘米，重 46.79 克

2017 年四川彭山江口古战场遗址出水

　　"西王赏功"币铸造于张献忠占据四川之后，有金、银、铜三种材质，均为圆形方孔，面文楷书"西王赏功"四字，是用于奖励有功部将的钱形奖章，并非流通货币。在江口古战场遗址考古发掘之前，"西王赏功"币存世量极少，且真假难辨，为古泉名珍之一。

1（正）　　　　　　　　　　　　1（背）

2（正）　　　　　　　　　　　　2（背）

"西王赏功"银币（2枚）

大西政权（公元 1644 年—1646 年）
1：直径 5.02 厘米，厚 0.24 厘米，重 34.1 克
2：直径 5.04 厘米，厚 0.22 厘米，重 34.19 克
2017 年四川彭山江口古战场遗址出水

1（正）

1（背）

2（正）

2（背）

"西王赏功"银币（2枚）

大西政权（公元 1644 年—1646 年）
1：直径 5.02 厘米，厚 0.2 厘米，重 35.31 克
2：直径 5.02 厘米，厚 0.21 厘米，重 35.71 克
2017 年四川彭山江口古战场遗址出水

龙纹金牌饰

明（公元 1368 年—1644 年）

二级文物

长 9.8 厘米，宽 3.7 厘米，重 50 克

四川眉山"5.01"特大盗掘倒卖文物案追缴

　　此牌饰因挤压严重变形，原为圆形，饰有镂空龙纹。

　　明代的金银饰品类型繁多、样式丰富、制作精良，达到了设计与工艺的高峰。"四川眉山 5.01 特大盗掘倒卖文物案"追缴和江口古战场遗址考古发掘发现了众多精美的金银饰品，包括腕饰、指饰、耳饰、腰饰等，反映了明代中晚期社会的审美情趣和精湛的制作工艺。

花鸟纹金牌饰

明（公元 1368 年—1644 年）

二级文物

长 8.4 厘米，宽 3.3 厘米，重 70 克

四川眉山 "5.01" 特大盗掘倒卖文物案追缴

　　此牌饰为长方形，饰有镂空梅花、喜鹊纹饰，边框装饰竹
节纹。

龙首金镯

明（公元 1368 年—1644 年）
外径 6.36 厘米，高 0.9 厘米，重 51.54 克
2017 年四川彭山江口古战场遗址出水

二龙戏珠纹金镯

明（公元 1368 年—1644 年）
外径 7.5 厘米，高 0.97 厘米，重 94.89 克
2017 年四川彭山江口古战场遗址出水

灵芝纹金镯

明（公元 1368 年—1644 年）
外径 4.78 厘米，高 0.67 厘米，重 15.98 克
2017 年四川彭山江口古战场遗址出水

灵芝纹金镯

明（公元 1368 年—1644 年）
外径 6.71 厘米，高 1.02 厘米，重 59.31 克
2017 年四川彭山江口古战场遗址出水

灵芝纹金镯

明（公元 1368 年—1644 年）
外径 5 厘米，高 1.04 厘米，重 16.96 克
2017 年四川彭山江口古战场遗址出水

花卉纹金镯

明（公元 1368 年—1644 年）
外径 3.7 厘米，高 0.59 厘米，重 11.03 克
2017 年四川彭山江口古战场遗址出水

六棱柱首金镯

明（公元 1368 年—1644 年）
外径 5.32 厘米，高 0.58 厘米，重 36.57 克
2017 年四川彭山江口古战场遗址出水

花卉纹金镯

明（公元 1368 年—1644 年）
外径 6.6 厘米，高 0.83 厘米，重 37.54 克
2017 年四川彭山江口古战场遗址出水

双龙衔珠纹金戒指

明（公元 1368 年—1644 年）
外径 2.73 厘米，高 0.49 厘米，重 14.71 克
2017 年四川彭山江口古战场遗址出水

竹节纹金戒指

明（公元 1368 年—1644 年）
外径 2.73 厘米，高 0.45 厘米，重 14.2 克
2017 年四川彭山江口古战场遗址出水

花卉纹金戒指

明（公元 1368 年—1644 年）
外径 2.67 厘米，高 1.71 厘米，重 3.87 克
2017 年四川彭山江口古战场遗址出水

莲花纹马镫形金戒指

明（公元 1368 年—1644 年）
外径 2.19 厘米，高 1.68 厘米，重 7.13 克
2017 年四川彭山江口古战场遗址出水

灵芝纹金戒指

明（公元 1368 年—1644 年）
外径 1.68 厘米，高 1.21 厘米，重 2.82 克
2017 年四川彭山江口古战场遗址出水

花卉纹金戒指

明（公元 1368 年—1644 年）
外径 1.71 厘米，高 0.69 厘米，重 1.56 克
2017 年四川彭山江口古战场遗址出水

马镫形金戒指

明（公元 1368 年—1644 年）
外径 2.08 厘米，高 0.65 厘米，重 2.8 克
2017 年四川彭山江口古战场遗址出水

马镫形金戒指

明（公元 1368 年—1644 年）
外径 2.3 厘米，高 0.72 厘米，重 2.17 克
2017 年四川彭山江口古战场遗址出水

灵芝纹马镫形金戒指

明（公元 1368 年—1644 年）
外径 2.2 厘米，高 0.99 厘米，重 5.15 克
2017 年四川彭山江口古战场遗址出水

花鸟纹马镫形金戒指

明（公元 1368 年—1644 年）
外径 2.33 厘米，高 0.86 厘米，重 2.93 克
2017 年四川彭山江口古战场遗址出水

马镫形金戒指

明（公元 1368 年—1644 年）
外径 1.92 厘米，高 0.76 厘米，重 2.15 克
2017 年四川彭山江口古战场遗址出水

花卉纹金戒指

明（公元 1368 年—1644 年）
外径 2.18 厘米，高 1.07 厘米，重 2.25 克
2017 年四川彭山江口古战场遗址出水

累丝灯笼形金耳坠

明（公元 1368 年—1644 年）
长 3.5 厘米，宽 1.2 厘米，重 3.09 克
2017 年四川彭山江口古战场遗址出水

摺丝葫芦形金耳坠

明（公元 1368 年—1644 年）
长 4.6 厘米，宽 1.1 厘米，重 5.18 克
2017 年四川彭山江口古战场遗址出水

累丝镶珠金耳坠

明（公元 1368 年—1644 年）
长 3.8 厘米，宽 1 厘米，重 2.09 克
2017 年四川彭山江口古战场遗址出水

石榴形金耳坠

明（公元 1368 年—1644 年）
长 3 厘米，宽 0.9 厘米，重 1.73 克
2017 年四川彭山江口古战场遗址出水

累丝花卉形金耳环

明（公元 1368 年—1644 年）
长 3.72 厘米，宽 1.73 厘米，重 5.01 克
2017 年四川彭山江口古战场遗址出水

累丝宝顶金耳坠

明（公元 1368 年—1644 年）
长 5.5 厘米，宽 1.8 厘米，重 3.87 克
2017 年四川彭山江口古战场遗址出水

掐丝金耳坠

明（公元 1368 年—1644 年）
长 4.4 厘米，宽 1.2 厘米，重 3.3 克
2017 年四川彭山江口古战场遗址出水

金耳环

明（公元 1368 年—1644 年）
长 4.1 厘米，宽 1.4 厘米，重 4.54 克
2017 年四川彭山江口古战场遗址出水

桃形金耳坠

明（公元 1368 年—1644 年）
长 3.3 厘米，宽 0.8 厘米，重 1.78 克
2017 年四川彭山江口古战场遗址出水

柿子形金耳坠

明（公元 1368 年—1644 年）
长 4.5 厘米，宽 1.9 厘米，重 2.44 克
2017 年四川彭山江口古战场遗址出水

梅花形金耳环

明（公元 1368 年—1644 年）
长 3.7 厘米，宽 1.7 厘米，重 2.87 克
2017 年四川彭山江口古战场遗址出水

石榴形鎏金银耳坠

明（公元 1368 年—1644 年）
长 3 厘米，宽 0.9 厘米，重 2.9 克
2017 年四川彭山江口古战场遗址出水

文物犯罪损害弥足珍贵的文化遗产，妨害文物管理秩序，危害中华民族的文化安全和长远利益，甚至影响我国的国际形象。打击和防范文物犯罪已经成为时代赋予我们的紧迫任务。

　　党中央、国务院历来高度重视和支持文物安全工作，党的十八大以来，以习近平同志为核心的党中央就加强文物安全工作做出了一系列重要决策部署。国务院建立健全全国文物安全工作部际联席会议制度，召开全国文物安全电视电话会议，印发《关于进一步加强文物安全工作的实施意见》，要求各级政府和有关部门强化主体责任，加强协同配合，完善安保措施，堵住监管漏洞，严打文物犯罪，对失职渎职行为严肃问责，切实把老祖宗留下的宝贵遗产管理好、守护好。为贯彻落实中央领导批示精神，进一步严密防范和严厉打击文物犯罪活动，公安部、最高人民法院、最高人民检察院、国家文物局等部门不断完善联合长效工作机制，侦破一系列大案要案，追缴一大批珍贵文物，对文物犯罪行为形成巨大震慑。

向文物犯罪亮剑

联合聚力

为进一步强化全国文物安全工作部际联席会议职能，切实增强文物安全防范能力，公安部、最高人民法院、最高人民检察院、国家文物局等部门加强协同配合、联合聚力，不断完善联合长效工作机制，签订合作框架协议，出台法规制度标准，联合实施执法督察，加大文物保护人员力量配备，加强文物安全检查和巡查力度，防范和打击文物犯罪力量进一步增强。

2012 年 8 月 21 日，国家文物局、公安部联合印发《关于印发〈公安部、国家文物局打击和防范文物犯罪联合长效工作机制〉的通知》。

2017 年 11 月 16 日，国家文物局、公安部依托陕西省公安厅刑侦局共同建设的"中国被盗（丢失）文物信息发布平台"正式上线。该平台是我国打击文物犯罪、追缴被盗（丢失）文物的创新举措，具有被盗、丢失文物的信息及数据的采集、汇总、发布、浏览、查询及线索举报等功能。

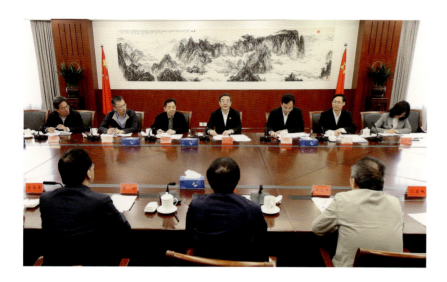

2018 年 4 月 17 日，最高人民法院与国家文物局签订《关于加强司法文物保护利用、强化文物司法保护的合作框架协议》，探索建立司法与文物共建、共治、共享新机制，充分发挥各自职能资源，合力推动新时代文物事业取得新发展。

2018 年 6 月 14 日，最高人民法院、最高人民检察院、国家文物局、公安部、海关总署联合印发《涉案文物鉴定评估管理办法》，对涉案文物鉴定评估的相关定义和基本原则、范围内容、机构条件和人员标准、委托受理组织和实施程序、监督管理以及执行等六方面问题做了全面系统的规定，构建涉案文物鉴定评估的基础管理制度。

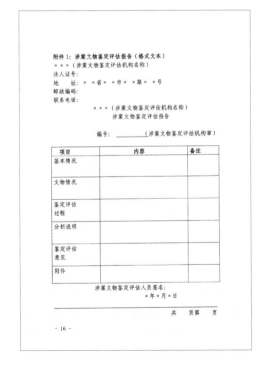

据统计，自 2016 年以来，全国 41 家涉案文物鉴定评估机构共对全国 1300 余起刑事案件涉案文物进行了鉴定，其中可移动文物 7 万余件套，不可移动文物近 600 处，为维护文物安全、打击文物犯罪提供了有力支持。

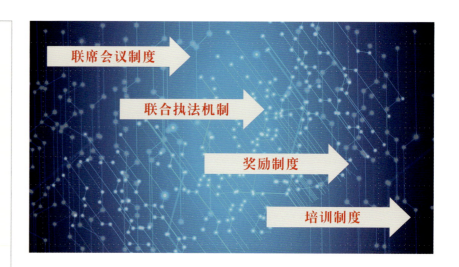

陕西省公安厅、陕西省文物局联合印发《陕西省公安机关和文物行政管理部门打击防范文物违法犯罪工作长效机制》，固化联席会议制度、联合执法机制、奖励制度、培训制度四项内容。

在陕西省公安厅和西安、宝鸡、咸阳、渭南等文物重点市，公安局建立打击文物犯罪专业队伍；自2012年始，连续7年开展代号分别为"天鹰""猎鹰""秦鹰""雄鹰""金鹰""神鹰""鹘鹰"的"鹰"之系列打击文物犯罪专项行动；创建并推进文物安全大防控体系建设，对文物犯罪及时发现、快速处置，从而更加有效地打击防范文物犯罪，切实保护国家文物安全。

青 海 省 公 安 厅
青海省工商行政管理局
西 宁 海 关
青 海 省 文 物 管 理 局

青文物局〔2017〕132 号

建立加大文物安全防范联合协作机制

为全面贯彻《国务院关于进一步加强文物工作的指导意见》（国发〔2016〕17 号）、《青海省政府关于进一步加强文物工作的实施意见》（青政〔2017〕34 号）及全国文物安全电视电话会议精神，省公安厅、省文物局、省工商局、省公安消防总队、西宁海关召开联席会议，共同建立"加大文物安全防范联合协作机制"。

一、共同建立日常协调工作机构

根据《青海省政府关于进一步加强文物工作的实施意见》（青政〔2017〕34 号）中提出的"加强部门协调配合，发挥文物工作联席会议作用，强化行政执法联合机制，经常

规范、运转高效、监管有力的文物行政执法督察和安全监管机制；开展专项督察和抽查督察相结合，定期督察和日常督察相结合，使文物安全督察形成制度化、常态化；推进"双随机、一公开"监管模式的创新，实施联动监管；健全随机抽查、重点检查、信息公开、信用监管、协同监管等制度，切实提升监管执法效能；对重大文物安全事故、重大违法犯罪案件和突出问题进行挂牌督办。

五、充分发挥协作联动作用

文物安全防范涉及面广、工作量大、任务繁重，是一项系统性、综合性工作。各协作单位以各自职责范围，按照"谁主管、谁监管"的要求，强化外部联动，统筹协调，建立跨部门信息通报、隐患排查、综合执法、联席会议、教育培训、经验交流等协调联动机制，形成标本兼治、惩防并举、综合治理的工作格局。

青海省公安厅　　　　青海省工商行政管理局

西宁海关　　　　　青海省文物管理局
2017 年 8 月 23 日

　　青海省公安厅、青海省工商行政管理局、西宁海关、青海省文物管理局联合印发《建立加大文物安全防范联合协作机制》，明确共同建立日常协调工作机构、部署文物安全防范重点任务、推进文物安全防范信息化建设等工作内容。

青海省文物局、公安厅、消防总队、工商局与西宁海关举行文物安全联席会议

利剑出鞘

　　2012 年至 2018 年，公安部、国家文物局先后两次组织全国公安机关和文物部门开展打击文物犯罪专项行动；联合对河北、陕西、辽宁、安徽、山东、湖南等省打击文物犯罪工作进行督查和指导。公安部累计挂牌督办 26 起重大文物犯罪案件，先后发布三批 A 级通缉令，对 30 名重大文物案件在逃人员开展全国通缉。最高人民检察院和公安部在深入推进扫黑除恶专项斗争中联合督办涉黑文物犯罪案件。各地公安、检察机关按照中央统一部署，高度重视，精心组织，向文物犯罪发起凌厉攻势。

2012—2018 年公安部督办案件一览表

编 号	案件名称
1	四川眉山"12.19"系列盗掘摩崖石刻文物案
2	内蒙古霍洛柴登汉代古城遗址文物被盗案
3	陕西西安"8.10"特大倒卖文物案
4	湖北随州"5.08"特大盗掘古墓葬、倒卖文物案
5	陕西渭南唐简陵石狮被盗案
6	陕西西安"3.23"特大盗掘古墓葬、倒卖文物案
7	辽宁朝阳"11.26"系列盗掘古文化遗址古墓葬案
8	四川眉山"5.01"特大盗掘倒卖文物案
9	湖北荆门京山苏家垄墓群被盗掘案
10	陕西西安"12.25"跨省盗窃、倒卖文物案
11	陕西淳化"7.20"系列盗掘古墓葬案
12	湖南株洲"9.26"盗掘古墓葬案
13	陕西澄城"11.25"特大盗掘古墓葬案
14	山东滕州"2.10"大韩村特大盗墓案
15	陕西凤翔"1.16"系列盗掘古文化遗址、古墓葬案
16	湖北八岭山古墓群系列盗掘案
17	河南济源系列盗掘古墓葬案
18	河南安阳"8.25"盗掘殷墟古文化遗址案
19	河南郑州新密大槐镇"8.04"盗掘战国贵族墓葬案
20	青海"3.15"盗掘古文化遗址古墓葬案
21	河北定州"汉中山王墓群"系列被盗掘案
22	安徽淮南系列盗掘古墓葬案
23	湖南长沙"2.07"系列盗掘古墓葬案
24	陕西咸阳"1.16"系列盗掘古塔地宫、古墓葬案
25	浙江嘉兴瀚林文化博物馆涉嫌文物鉴定诈骗案
26	湖北大冶鄂王城古墓群被盗掘案

国务委员、公安部部长赵克志调研陕西打击文物犯罪工作

公安部副部长杜航伟（时任陕西省委常委／政法委书记／公安厅厅长）在陕西省淳化县公安局听取"7.20"专案汇报

文化和旅游部部长雒树刚带队督查安阳盗掘殷墟古文化遗址案

国家文物局局长刘玉珠、中纪委驻文化和旅游部纪检组长迟耀云督导安阳殷墟安全整改工作

国家文物局副局长宋新潮调研辽宁朝阳"11.26"系列盗掘古文化遗址古墓葬案件侦办工作

2018 年 7 月 17 日，公安部与国家文物局联合
部署全国打击文物犯罪专项行动

山西省人民政府组织召开全省文物安全工作会议，对打击
防范文物犯罪专项行动等工作做出专门部署

山西省文物局、公安厅、教育厅、林业厅、宗教事务局联合印发《关
于加强我省文物安全工作的意见》

陕西省人民政府组织召开全省文物安全工作会议，对打击和防范文物犯罪专项行动等工作做出专门部署

辉煌战果

在公安部、最高人民法院、最高人民检察院、国家文物局的联合推动下，在人民群众和相关部门的积极配合下，联合打击文物犯罪取得辉煌战果：在 2017 年 6 月至 8 月的全国打击文物犯罪专项行动中，共侦破文物案件 351 起，打掉犯罪团伙 79 个，抓获犯罪嫌疑人 545 名，追缴文物 2715 件（套），其中已鉴定的一级文物 64 件，二级文物 140 件，三级文物 441 件；在 2018 年 7 月开始的为期半年的全国打击文物犯罪专项行动中，截至 2018 年 11 月 15 日，共侦破文物案件 704 起，打掉犯罪团伙 140 个，抓获犯罪嫌疑人 1247 名，追缴文物 5558 件（套）。其中已鉴定的一级文物 35 件、二级文物 114 件、三级文物 427 件。有效打击和震慑了文物犯罪活动。

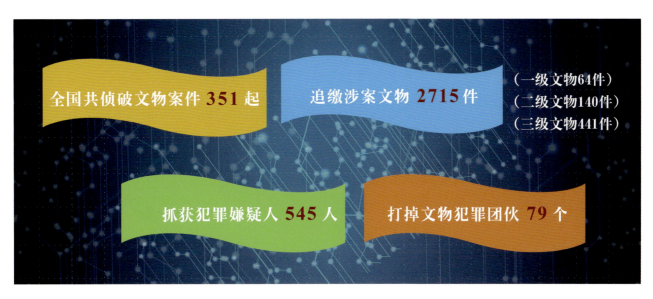

2017 年 6—8 月全国打击文物犯罪专项行动战果

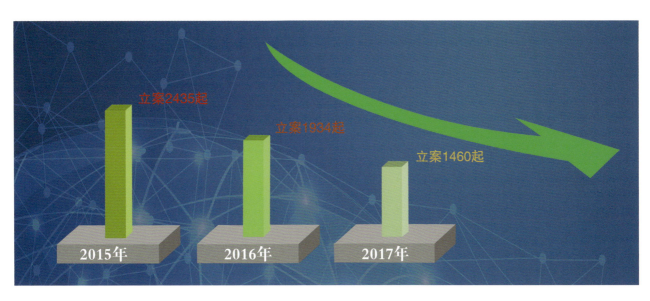

通过连续开展打击文物犯罪专项行动，2015 年以来全国文物犯罪案件发案总数呈下降趋势

涉案文物鉴定现场

【辽宁朝阳"11.26"系列盗掘古文化遗址古墓葬案】

2014 年 6 月以来，辽宁省朝阳市牛河梁红山文化遗址保护区周边接连发生多起遗址地下文物遭盗掘案件。公安部、国家文物局联合挂牌督办，朝阳市公安机关历时一年，辗转 7 省区 10 市，成功破获该案，打掉文物犯罪团伙 13 个，抓获犯罪嫌疑人 240 名，追缴涉案文物 2069 件，其中一级文物 250 件、二级文物 142 件、三级文物 262 件。

牛河梁遗址位于辽宁省朝阳市凌源、建平两县交界处，以新石器时代晚期红山文化遗址为主要遗存。1988 年被国务院公布为全国重点文物保护单位。

辽宁朝阳"11.26"系列盗掘古文化遗址古墓葬案追缴玉器器形多样，雕琢工艺讲究，纹样简洁明快，为研究红山文化晚期的琢玉水平、用玉制度、社会结构变化及其所属的社会发展阶段提供了重要的实物资料。

玉钺

新石器时代 红山文化（约公元前 4700 年—前 2900 年）
一级文物
长 14.2 厘米，刃宽 13.48 厘米
辽宁朝阳"11.26"系列盗掘古文化遗址古墓葬案追缴

　　此玉钺呈深灰绿色不透明玉质，系带有贝类遗骸沉积结构的蛇纹石，器体呈圆角长方形，弧形刃，刃两端略为外翘，上部中间有一对钻穿孔，用于固定木柄。钺由斧转化而来，在古代本是一种兵器，在某种特殊意义上又曾长期作为军事统率权和王权的象征。良渚文化贵族墓葬出土了比较完整的漆绘木柄石钺，钺被嵌在描绘精致的漆木柄上，置于墓主身旁，显示了这种兵器的真实用途。

　　红山文化玉器很早以来就有传世品在世间流传，新中国成立以前多见于国内外博物馆、著录中，但大都缺乏考古学证据，往往将玉器的年代判断在商周时期甚至更晚。1949 年以后的红山文化玉器研究分三个阶段：第一阶段，1971 年在内蒙古三星塔拉村出土的红山文化大型龙形玉，使人们对红山文化玉器研究产生极大兴趣。第二阶段，胡头沟、东山嘴、三官甸子红山文化遗址与墓葬以及有关玉器的发现，明确了玉器出土的具体单位，并进行了科学的田野考古工作。第三阶段，牛河梁遗址的发掘使红山文化玉器群得以确认。目前正式考古调查和发掘所获红山文化玉器 300 余件，其中牛河梁遗址发掘出土 183 件，是经过正式科学考古发掘出土红山文化玉器数量最多的地点。根据造型特征及使用功能，可分为玉镯等装饰类玉器，玉龙、玉鸟、玉龟等动物类玉器，箍形玉器、勾云形玉佩等特殊类玉器。玉器材质主要为透闪石玉，其次为蛇纹石玉。

玉龙

新石器时代　红山文化（约公元前 4700 年—前 2900 年）
一级文物
高 14.68 厘米
辽宁朝阳"11.26"系列盗掘古文化遗址古墓葬案追缴

　　此玉龙青绿色玉料，有铁褐色沁。龙首大耳直立，双耳间打洼，双目圆睁，卷曲如玦环状，以片切割开玦口，玦口全开。中部大圆孔，两面对钻，外口较大，耳后有对钻小圆孔，为系挂孔。这件玉龙形体较大且较厚重，在目前考古发掘品中并不多见。身上之铁锈褐色可能部分为河磨玉原皮色，部分受沁于红山地区含铁量高的土壤，为红山玉器中的常见之色。

　　玦形玉龙常被外界称为玉猪龙，因早期人们认为其似猪首而来，与原始时期的农业密切关联。在红山文化大墓中，玉龙多位于墓主胸部或头骨右侧，可能穿绳佩于胸前，应是当时的一种礼仪用玉或宗教用器。

　　红山文化墓葬随葬玉器，在组合上有鲜明的特点，除延续使用兴隆洼文化时期流行的耳饰玦、珠等生活装饰用玉，占主流地位的则是玉龙、玉鸟、玉蝉及神兽、神人像、箍形玉器、勾云形玉佩等一批充满神秘意味、与宗教祭祀活动密切相关的玉器，而少见玉质的钺、斧等富有权力象征意义的兵器仪仗类乐器。这与同处于新石器时代的考古学文化良渚文化、仰韶文化庙底沟类型具有明显不同。良渚文化随葬玉器，除有琮、璧、璜形器等大量与宗教祭祀活动有关的玉器，尚普遍随葬有象征军权和王权的玉钺或石钺，不见或少见红山文化中常见的勾云形佩及龟、猪龙等动物形玉器。仰韶文化庙底沟类型墓葬随葬玉器，既不同于红山文化，也不同于仰韶文化，种类较单一，只有玉钺一种。

玉龙

新石器时代　红山文化（约公元前 4700 年—前 2900 年）
一级文物
高 18.2 厘米
辽宁朝阳 "11.26" 系列盗掘古文化遗址古墓葬案追缴

此玉龙由墨绿色岫岩玉雕琢而成，周身光洁，头部长吻修目，鬣鬃飞扬，躯体卷曲若钩，中部有穿系孔，神气生动，雕琢精美。

龙形玉器是红山文化的标志玉器之一。根据其造型特征可分为两类：一类是玦形玉龙，即玉猪龙，共出土 11 件，形制相近，体卷曲如环形，尾端漫收，头尾明显分开、相距甚近或连接。头部较大，双耳竖立，眼、嘴、鼻线条清晰，双目圆睁，吻部前凸，有明显褶皱，嘴张开或闭拢。这种造型的玉龙，在商代玉器中也较常见，如殷墟花园庄东地墓葬 M54 出土 4 件，其中 1 件周身雕刻花纹。另一类即 C 形玉龙，目前共出土 2 件，1 件 1971 年出土于内蒙古赤峰市翁牛特旗三星塔拉，高 26 厘米，鬣长 21 厘米，被称为 "中华第一龙"，现收藏于中国国家博物馆；另 1 件 1949 年出土于翁牛特旗东拐棒沟，1987 年

被翁牛特旗文物管理所征集。C 形玉龙具有典型的地域和时代风格，昂首，弯背，卷尾，整体造型呈 C 字形，穿孔位于龙体中部。

C 形玉龙的文化属性及时代，因无明确的考古地层关系而扑朔迷离。有学者认为此型玉龙在红山文化遗存中尚无出土实例，所见有出土地点的两例都在赤峰市以北的翁牛特旗境内，这里已非红山文化中心区，而多赵宝沟文化遗址，玉龙身上的网格纹又与赵宝沟文化陶器上常见的刻划鹿纹有相近处，认为可能与赵宝沟文化有关。亦有学者直接推测：从造型特征和使用功能看，红山文化玉猪龙与兴隆洼文化时期辽西地区的远古先民对野猪的崇拜和赵宝沟文化时期刻划在祭祀用陶器上的猪龙首形象具有一脉相承的发展关系，并对商周及后期玉龙的雕琢及崇龙礼俗的发展产生了重要影响。

玉龟

新石器时代　红山文化（约公元前 4700 年—前 2900 年）
一级文物
高 12.19 厘米，宽 4.05 厘米
辽宁朝阳"11.26"系列盗掘古文化遗址古墓葬案追缴

　　此玉龟龟背近圆形，稍隆起，表面光素；头、尾外伸，均作圆尖状，四肢蜷曲，口、耳、足等部位均用阴线刻出，腹部较平。

　　动物类造型的玉器是红山文化玉器群的重要组成部分，其动物造型和雕琢工艺都极具时代特色。依雕琢手法的不同，又可分为两类：第一类用写实性手法雕琢成器，常见器形有龟、鸟、鱼等，制玉工匠准确而巧妙地把握住各种动物的典型特征，在玉器上用简单的线刻准确地表现出动物身体的各个部位，这与

商周时期装饰繁缛纹样的动物类玉器形成鲜明对比。辽宁省阜新蒙古族自治县胡头沟遗址 M1 内出土 2 件玉龟，一件颈前伸，龟背呈椭圆形，腹部正中起一道竖脊，脊中部横穿一孔；另一件头部微缩，龟背略鼓，近六角形，腹面有一横穿洞孔。第二类采用写实性与抽象性相结合的艺术手法雕琢成器。常见器形有玉猪龙、蚕形玉器等。另外，器体上的钻孔也很有特点，其形制分为直穿孔和横穿孔两种。

兽面纹玉牌

新石器时代　红山文化（约公元前 4700 年—前 2900 年）
一级文物
长 18.3 厘米，宽 8 厘米
辽宁朝阳"11.26"系列盗掘古文化遗址古墓葬案追缴

　　此玉牌作长条形，正、背面纹饰相同，图案左右对称，以镂空和浅浮雕的技法刻抽象兽面，内凹式圆眼，六组长齿，牌顶中央有圆形镂孔两个，为器身悬置重心所在。有学者认为其表现的兽面是龙的正视图与左右侧视图的结合体。

牛首玉人

新石器时代　红山文化（约公元前 4700 年—前 2900 年）
一级文物
高 13.34 厘米，宽 5.7 厘米
辽宁朝阳"11.26"系列盗掘古文化遗址古墓葬案追缴

　　此玉人为黄绿色玉料，器形为一戴动物冠的人像。人首尖下颚，蛋形面，头上戴一动物首形冠，冠上两圆凸，似为动物眼睛，另有两个长弯角。人形细腰，身着服饰，上肢贴于身体两侧，上身横条纹纹饰与所戴牛角纹饰相同，下身网格纹服饰。整体上看似披着整张兽皮，身体的比例与人体比例相似。下部有对穿孔，可悬挂佩戴。

　　到目前为止，考古明确发现的完整人形玉仅 1 件，为 2002 年在辽宁省朝阳市牛河梁遗址第十六地点四号墓人骨骼的左侧骨盆外侧出土的一件玉人。这件玉人似一尊神灵附体的巫傩之像，所以有学者将其解释为巫人，认为玉人的主人是主持各种祭祀活动的专职祭司，兽冠和兽皮是他们身穿的一个道具，如举行大傩时要戴的"傩面"一样。

箍形玉器

新石器时代　红山文化（约公元前 4700 年—前 2900 年）
一级文物
高 15.21 厘米
辽宁朝阳"11.26"系列盗掘古文化遗址古墓葬案追缴

此箍形玉器呈椭圆中空的筒状，顶部较大，作斜口形式。底部较小，口部平直。器壁较薄，口部边缘尤显锋利。

箍形玉器过去多为传世品，因用途不明一度被称为"玉护臂"或"马蹄形器"等。考古发现证明此类玉器只在红山文化的中心大墓或高等级墓葬中存在，多位于男性墓主的头部下方，有的器物口部还有两个小孔可以系绳或插发笄，因此被确认是用来固定发饰的发箍。箍形玉器兼具实用与装饰功能，使用时可将头发束在一起套在筒状的箍内并挽成发髻，再戴在头上作为玉冠饰物。

新石器时代晚期，各地纷纷显露出一批以代表王权、神权等特殊用途为特征的玉质礼器。红山文化的牛河梁遗址更以数量惊人的玉器被称为"远古玉器中心"，遗址的大型积石冢内，通常以一座大墓为中心，周围附葬小墓。大墓随葬众多精美的玉器，上部封土积石成坛。墓地附近还有专门用于祭祀的女神庙建筑等，是带有浓厚的宗教色彩与森严等级特权的礼仪场所。精美的玉石礼器诞生在这个阶段，其拥有者必然是这个群体中享有崇高社会地位的权贵阶层，而造型精美的箍形玉器等饰物正是证明他们身份地位的最明显标志。

勾云形玉佩（2 件）

新石器时代　红山文化（约公元前 4700 年—前 2900 年）
一级文物
长 21.6 厘米，宽 10.5 厘米
长 21.4 厘米，宽 11.38 厘米
辽宁朝阳"11.26"系列盗掘古文化遗址古墓葬案追缴

　　此玉佩整体作长方形。器身中部有相通的圆形和弯条形镂孔，形成螺旋状的云形主题纹饰，云纹主题四缘各有一个卷勾，形成中心对称布局。背面主题云纹与卷勾相交部各有隧孔一处，为斜向对穿孔。隧孔方向沿器身边缘线方向对称，不同的是其中一对隧孔沿长边方向，另一对隧孔则沿短边方向制作，隧孔的制作工艺比较成熟与完善。

　　勾云形玉器是红山文化玉器中最为重要的器类之一，首次出土于 1976 年辽宁省凌源县凌北乡三官甸子村红山文化墓葬

中，迄今出土 20 余件，多出自高规格墓葬中，或为祭祀神灵等特殊场合使用的礼器。其在墓葬中的摆放位置比较固定，多放置在死者的胸部或头部，应多悬挂佩戴。

　　与良渚文化玉器相比，红山文化玉器的一大工艺特点是较少运用刻划线，讲究以形取胜，器形线条简约拙朴，圆浑流畅，缺少规则的平直线条。而多钻孔和推磨，尤其钻孔运用巧妙，在需镂空时常常先在预定镂空的一端钻一孔，然后从孔中入锯，镂成空体，这种方法常施于勾云形玉器上。

凤鸟形玉饰

新石器时代　红山文化（约公元前 4700 年—前 2900 年）
一级文物
高 15.6 厘米，宽 4.05 厘米
辽宁朝阳"11.26"系列盗掘古文化遗址古墓葬案追缴

　　此玉鸟淡绿色玉质，鸟圆首尖喙，尾稍上翘，阴线刻双眼，造型简单，线条简洁。头部上方有对钻隧孔。

　　我国的崇鸟习俗可以追溯至远古时代，它是我国东方沿海和东南地区一种独特的文化表征和普遍的文化模式。新石器时代晚期出现的鸟纹饰同玉器的结合正是这种文化传统的承袭和发展演变。从考古资料看，史前玉鸟饰主要分布于良渚文化、龙山文化、石家河文化、红山文化以及凌家滩文化玉器中。有学者认为玉鸟饰是祭祀时人与神之间进行沟通的通神工具。

玉蝉

新石器时代　红山文化（约公元前 4700 年—前 2900 年）
一级文物
长 5.82 厘米，宽 2.02 厘米
辽宁朝阳"11.26"系列盗掘古文化遗址古墓葬案追缴

　　此玉蝉造型古朴，正面上端头部凸起，面部两圆眼，尾部磨出三道凹槽，微翘。半圆形背部，侧面横穿一孔，可佩戴。

　　蝉作为一种吉祥的昆虫，早在约公元前 3000 年至公元前 2700 年的良渚文化中期就被人们关注，并制作为玉蝉进行佩戴。这种习俗影响到大汶口文化。在公元前 2200 年至公元前 1800 年的石家河文化晚期，玉蝉广为流行，似与蝉的一种特殊功能——"知雨时"被人们发现而受到崇敬有关。玉蝉作为口琀约始于商代晚期，可能与人们将蝉具有历经多年才完成一个生命循环的生理特征现象与祈求死者灵魂复活这种意识的产生有关。东周以来，在《礼经》影响下，汉代丧葬习俗中的用玉制度得到空前发展，促进了汉代玉蝉的流行。东汉之后推行薄葬，玉蝉遽减。至明代，玉蝉作为一种玉雕工艺品再度赢得人们的关注。

双联玉璧

新石器时代　红山文化（约公元前 4700 年—前 2900 年）
一级文物
长 4.11 厘米，宽 2.9 厘米
辽宁朝阳"11.26"系列盗掘古文化遗址古墓葬案追缴

　　此玉璧中部厚、边缘薄、上窄下宽，整体近椭圆形，璧身沿长径方向有上、下两个圆形穿孔，构成近似双璧垂直相连的造型。

　　除双联外，联璧也见三联的形式，不过迄今仅在红山和凌家滩等文化中发现，为数很少。联璧的制作工艺虽不及圆形玉璧复杂，但琢磨非常精细，应是当时使用的特殊礼仪用器。目前一般认为，红山文化中出现的这种边缘磨薄呈刃状的玉器是受到吉林、黑龙江地区玉器制作风格影响的结果。

长方形玉璧

新石器时代　红山文化（约公元前 4700 年—前 2900 年）
一级文物
长 19 厘米，宽 14.5 厘米
辽宁朝阳"11.26"系列盗掘古文化遗址古墓葬案追缴

　　此玉璧呈方形，略残。一侧长边中部有两个钻孔。

　　东北地区早在兴隆洼文化时期就已经开始出现玉器，当时的玉器类型主要是工具与装饰品，到新石器时代晚期的红山文化时期，玉礼器逐渐取代工具与装饰品成为主流，其中玉璧是最主要的器物之一。目前发现的红山文化玉璧，除方形璧外，还有圆形璧、椭圆形璧、双联璧、三联璧、异形璧等，工艺精湛，造型独特，应是为满足祭祀礼仪活动的需求雕琢而成，当属墓主人生前使用的祭器或神器。

玉环（一组 2 件）

新石器时代　红山文化（约公元前 4700 年—前 2900 年）
一级文物
直径 6.39 厘米
辽宁朝阳"11.26"系列盗掘古文化遗址古墓葬案追缴

　　此对玉环均呈圆形，表面光素，内缘较厚，外缘渐薄，横截面呈近三角形。辽西地区使用玉器作为装饰品的习俗可以追溯至兴隆洼文化时期，当时的墓葬中出土有佩戴在耳部的玦饰、挂坠在胸前的匕形器等。红山文化继承了兴隆洼文化雕琢和使用玉器的传统，装饰类玉器以环、珠为主，玦较少。在墓葬中常与其他类的玉器共出，且位置一般比较明确，当时应是直接佩戴在墓主人身上或坠挂在衣物上的饰品。

牡丹龙凤纹金钗

元（公元 1271 年—1368 年）
一级文物
长 17.5 厘米，宽 2.48 厘米
辽宁朝阳"11.26"系列盗掘古文化遗址古墓葬案追缴

此金钗以一朵牡丹花为钗梁，花瓣为锤揲法制，其下分两股钗插。钗插造型为扭曲的龙身，锻打成形。这种形制的金钗为元代创制的新样金饰，一般称为"螭虎钗"，其名见于永乐本《碎金·服饰篇》"首饰"一节。内蒙古赤峰市太吉合窖窖藏出土两件金螭虎钗，与此钗形制大体一致。赤峰距朝阳不远，这件金钗也应出自朝阳赤峰一带。

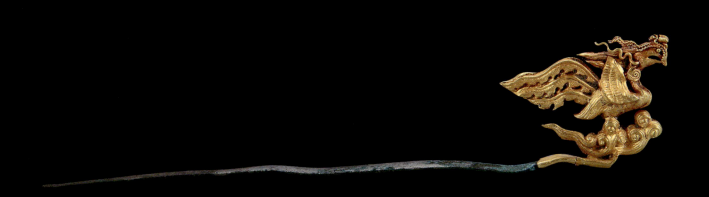

凤首金顶银簪

元（公元 1271 年—1368 年）
一级文物
长 15.82 厘米，宽 3.19 厘米
辽宁朝阳"11.26"系列盗掘古文化遗址古墓葬案追缴

此银簪造型为典型的元代凤簪样式。簪首为凤凰踏祥云飞升，簪脚插接在金簪首下部的管口中。或与本案追缴的"牡丹龙凤纹金钗"同出一处。元散曲有所谓"云鬓巧簪金凤头"的描述。相似造型的凤首簪亦见于湖南临澧新合窖藏，可见元代南北首饰妆容风气大体一致。

双系彩陶罐

新石器时代　红山文化（约公元前 4700 年—前 2900 年）
一级文物
通高 13.3 厘米
辽宁朝阳"11.26"系列盗掘古文化遗址古墓葬案追缴

　　此陶罐带盖，短颈，鼓腹，平底，肩部有一对对称的小桥形耳。彩陶是红山文化最富代表性的施纹工艺，数量颇多，主要施于泥质陶器，多为红地黑彩，也有个别器皿施红彩，纹饰多系抽象的几何形，富于变化。钵、盆、罐、瓮等生活日用器上的彩陶纹饰是实际生活中人们对于美感艺术的发现和认识的一种直观反映；祭祀用器着彩不仅具有美观装饰效用，更重要的是通过在特定部位施彩以求表示某种特殊的意义。

茶末釉鸡冠壶

辽（公元 907 年—1125 年）
一级文物
高 24 厘米
辽宁朝阳"11.26"系列盗掘古文化遗址古墓葬案追缴

　　这是模仿契丹族皮囊容器的样式烧制的装水或盛酒的器皿，又称皮囊壶、马镫壶。式样大体可分五种：扁身单孔式、扁身双孔式、扁身环梁式、圆身环梁式和矮身横梁式。其年代早晚，通常以壶身所保留的皮囊容器特点的多少来区分。釉色以绿色为多，酱釉和茶末釉最为稀少。

【江西南昌海昏侯墓被盗案】

2011 年 3 月 23 日，江西省文物部门接到群众举报：南昌市观西村墩墩山上一座古墓遭到盗掘。江西省文物考古研究所当即派员会同南昌市和新建县文博单位进行现场勘查，现场遗留 14.8 米盗洞，椁板已被锯开，所幸遗物基本未被盗。2011 年至 2016 年，江西省文物考古研究所对该墓及周边进行了抢救性发掘，发现了以紫金城城址、历代海昏侯墓园、贵族和平民墓地等为核心的海昏侯国一系列重要遗存。

海昏侯墓园以海昏侯和侯夫人墓为中心建成，是我国迄今发现的保存最好、结构最完整、功能布局最清晰、拥有最完备祭祀体系的西汉列侯墓园，为研究西汉列侯的园寝制度提供了重要资料。海昏侯墓墓主人为西汉第一代海昏侯刘贺，海昏侯墓是我国长江以南地区发现的唯一一座带有真车马陪葬坑的墓葬，墓葬规模宏大、椁室设计严密、结构复杂、功能清晰明确，是西汉中晚期列侯等级墓室的典型标本，对研究西汉列侯等级葬制具有重大价值。迄今出土的 1 万余件（套）文物涉及面广，内容丰富，形象再现了西汉时期高等级贵族的生活，具有极高的历史价值、艺术价值和科学价值，大量工艺精湛的玉器、错金银铜器，显示出西汉时期高超的手工业工艺水平。

主墓 M1 发掘现场

主棺椁套箱提取吊运进实验室

金器出土现场（马蹄金、麟趾金和金饼，位于主椁室西室北部）

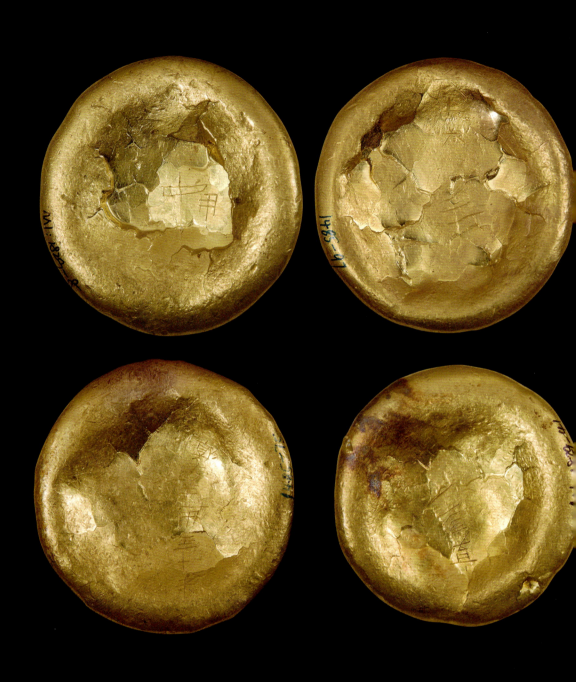

数最多。

金饼（8 枚）

西汉（公元前 202 年—公元 8 年）
直径 6.2—6.4 厘米，厚 0.5—0.6 厘米，重 246.7—264.9 克
2015 年江西南昌海昏侯墓出土

　　金饼是汉代全国通行的法定货币，体现价值尺度，具有流通职能。形状呈圆形，饼块状，厚缘，周边凸起，中心内凹，大多在 250 克左右，与汉代黄金以斤为单位基本一致。

　　金饼源于战国时期楚的"爰金"，俗称"印子金"或"金钣"，但将一定量的黄金铸成金饼通行全国是从秦代开始的，汉代尤盛。据考古发掘，今陕西、河南、河北、湖南、湖北、广西、山西等地都曾有金饼出土，而海昏侯墓出土 385 块，为数最多。

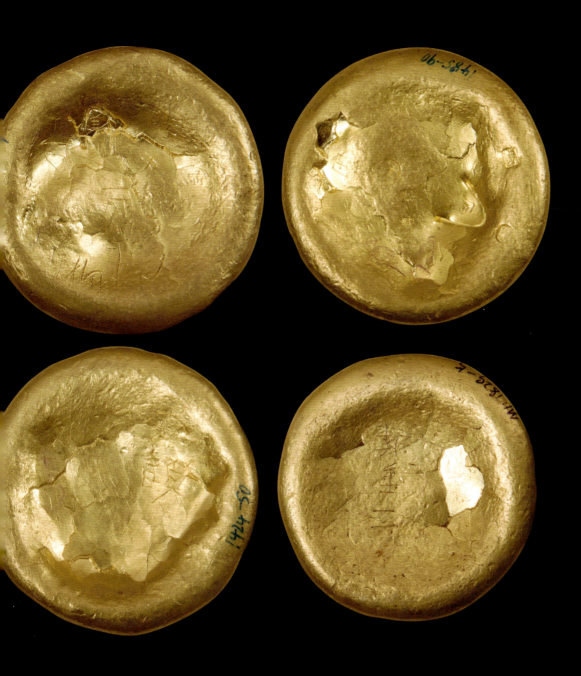

汉代金饼即通常说的"金币"，被视为"上币"。在商品经济较为发达、交换频繁的西汉时期，金币的使用范围甚广，一方面在酎金、市租、关税收金、对罪犯罚金、赏赐、馈赠、聘后等方面表现价值尺度，另一方面在国内民间大宗贸易及国际贸易中也起到一定作用。但汉代金币制度还不健全，以斤为单位的金币在小额市场交易需分割使用，而金币与铜钱又尚未形成统一的兑换率，存在交换上的诸多不便，实际流通存在诸多障碍。因此金币不是西汉币制的主体，西汉币制的主体是铜钱。

马蹄金、麟趾金

西汉（公元前 202 年—公元 8 年）
马蹄金：高 3.4—3.9 厘米，重 245.7—253.5 克
麟趾金：高 3.3—3.6 厘米，重 75.6—85.3 克
2015 年江西南昌海昏侯墓出土

　　这是西汉皇帝颁赐给诸侯王的特殊赏赐物或纪念品。"马蹄"原作"衺蹏"，其中的"衺"即"马"，是古代的一种优质良马，"蹏"即"蹄"本字。马蹄金呈马蹄状、圆形、底凹、中空，上面四周有多层精美麦穗纹饰，里面有四个像爪一样的挂钩，正面有水波纹，底部分别刻有上、中、下铭文。"麒麟"，是古代传说的神兽，可辟邪挡煞，相传它有"五趾"，故简谓"麟趾"。麟趾金呈靴状、椭圆形、中空，上面四周有多层饰纹，底部也分别刻有上、中、下铭文。今陕西咸阳市、西安上林苑、郑州市郊、辽宁新金县花儿山张店等，都曾出土。

　　汉武帝后期，大旱、蝗虫等自然灾害频发；长期对匈奴战争，"天下户口减半"；农民起义不断。太始二年（公元前 95 年），武帝以"西登陇首，获白麟以馈宗庙，渥洼水出天马，泰山见黄金，宜改故名。今更黄金为麟趾马蹄以协瑞焉"，下令铸马蹄金、麟趾金以彰显"祥瑞"。实际上是为了粉饰太平、缓和社会矛盾、稳定民心。马蹄金、麟趾金的颁赐对象是"诸侯王"，这是身份和荣誉的象征，也是强化诸侯王向心力和凝聚力的一项重要举措。其发行数量有限，非民间上下通行的正式货币。

金板

西汉（公元前 202 年—公元 8 年）
长 21.1 厘米，宽 9.5 厘米，厚 0.2 厘米，重 1077.8 克
2015 年江西南昌海昏侯墓出土

这是海昏侯刘贺为供宗庙祭祀及侯国消费之用的备用金。形状呈平面长方形，多数为一公斤左右，由手工铸造成型，有后期刮磨、修补痕迹，板块表面较粗糙。海昏侯墓出土金块 20 块，是国内首次发现。

诸侯献金助祭即献"酎金"的情况，在春秋战国时期已开始出现，西汉文帝之时，诸侯王、列侯向汉庙献金助祭的活动业已成为一种制度。汉代帝王很重视宗庙祭祀活动，当时宗庙祭祀场所多，祭祀频率高，各种耗费很大。海昏侯墓出土的金板，很可能是墓主刘贺为供侯国每年向汉庙献金助祭而储备的

备用金。

至 2016 年 3 月，西汉海昏侯墓已出土金饼、马蹄金、麟趾金、金板等 478 件，重达 120 公斤以上，这是目前我国汉墓考古发现黄金数量最多、种类最全的一次。以西汉中后期一斤值万钱计算，海昏侯刘贺的黄金至少可折合当时五铢钱 240 万钱。学者研究认为，这批黄金并非亲朋"赙赠"，马蹄金、麟趾金和金饼主要来自赏赐和家产的继承，金板或为刘贺在封地海昏国所铸造。

错金青铜编钟（一组 6 件）

西汉（公元前 202 年—公元 8 年）
长 24.5 厘米，宽 15 厘米
长 23 厘米，宽 13.5 厘米
长 21 厘米，宽 12 厘米
长 20 厘米，宽 11.5 厘米
长 18.5 厘米，宽 16 厘米
长 16.5 厘米，宽 9.5 厘米
2015 年江西南昌海昏侯墓出土

　　此为海昏侯墓出土成套编钟中的 6 件。钮钟呈合瓦形，窄长桥形钮，腹部两侧微鼓。舞下、钲下、铣间弧线以及钟体两侧各有鎏金带，将钟身装饰分为两个部分。位于钟正面中心的钲部以及篆部饰有变形龙纹，铣部饰有对称的龙首纹。纹饰皆鎏金。

　　编钟等乐器是汉代诸侯王墓中常见的随葬品。2000 年山东济南章丘洛庄汉墓、2009 年江苏盱眙大云山汉墓（江都王刘非墓）均出土了成套编钟：甬钟 5 件，钮钟 14 件，形制相若，尺寸递减，上钮下甬悬挂于单架双簧钟虡之上。这种"5 甬 14 钮"的组合是西汉前期皇室统一的用乐规范，在战国中后期新

的乐器制度基础上融合改造而成，是对战国礼制的传承和延续。海昏侯墓除此 14 件钮钟外，还出土 10 件甬钟，纹饰、尺寸差异较大，包含三种不同类型，学者推测或为丧葬时用三套甬钟拼凑而成，非同时铸造。另外，已出土的西汉编钟还存在 4 甬 9 钮、5 甬 10 钮的组合形式，多为普通贵族所用。

汉代编钟造型与先秦编钟有明显区别，虽然没有改变合瓦形的基本构造，但钟体浑圆，在调音技术上已无法企及先秦乐匠，出现铸调不精导致的大量音高偏差现象，甚至有通过后期焊补方式来弥补音准的情况，这也从侧面反映出汉代乐钟制度的继承性而非创造性。

青铜鼎

西汉（公元前 202 年—公元 8 年）
通高 16.6 厘米
2015 年江西南昌海昏侯墓出土

青铜鼎有烹煮肉食、实牲祭祀和宴飨等用途。商周时期，鼎是最重要、最常见的礼器之一。周代各级贵族有着严格的用鼎制度。但经过春秋、战国时期的社会大动荡，传统礼制受到猛烈冲击，及至西汉初年，用鼎制度已近消亡。海昏侯墓所出青铜鼎应不是专门用于祭祀的列鼎，而是日常用品，它们见证了刘贺生前"列鼎而食"的贵族生活。

青铜染炉

西汉（公元前 202 年—公元 8 年）

染炉：通高 12 厘米

　　　炉底盘长 16.3 厘米，宽 12.3 厘米

耳杯：长 9.4 厘米，宽 5 厘米，高 4 厘米

2015 年江西南昌海昏侯墓出土

　　此染炉由耳杯、炉和底盘三部分组成，是流行于汉代贵族阶层中的一种饮食器具。汉代常用"濡"的方法制肉食，具体步骤是先把肉煮到可食的程度，然后再蘸调料加味，耳杯中盛放的就是被称为"染"的调料。当时人们习惯用较烫的调料，所以须用染炉不断地给调料加温。

青铜火锅

西汉（公元前 202 年—公元 8 年）
通高 29.4 厘米，口径 16.6 厘米，腹径 33.1 厘米
2015 年江西南昌海昏侯墓出土

　　此火锅三足，上端为一腹大口小的容器，便于加盖。下端连接一炭盘，之间没有连通。有学者认为这是一实用型火锅，因为炭盘里有炭迹，锅内有板栗等残留物。也有学者认为此器可能只是一个保温器，而非真正意义上的火锅。因为按照炭盘所能承载的炭量很难将食物直接煮熟，有可能是将已经煮熟的食物放置上去保温。

青铜壶

西汉（公元前 202 年—公元 8 年）
高 29.7 厘米，最大腹径 23.3 厘米
2015 年江西南昌海昏侯墓出土

　　此壶壶口微侈，圆腹，肩部有铺首衔环一对。青铜壶是汉代常见的盛酒器。战国早期这类圆壶腹径的最大处较低，至战国晚期已上移至器体中部。西汉时期的壶型与战国晚期类似。壶多用于盛酒，一部分陶壶也用于盛放食物，如洛阳烧沟汉墓出土的部分陶壶盛放粮食，满城汉墓出土的部分陶壶盛放动物骨骼。

青铜提梁尊

西汉（公元前 202 年—公元 8 年）

通高 19.5 厘米

2015 年江西南昌海昏侯墓出土

此尊长筒形，三足，有盖，带活环提链，酒器。在汉代，酒一般贮藏在瓮、榼或壶中，宴饮时先将酒倒在尊里，再用勺酌于耳杯中饮用。当时的酒尊分盆形和筒形两大类。这类

筒形尊自铭"温酒尊"。"温酒"即酝酒，是反复重酿多次的酒。由于酿造时间长，淀粉的糖化和酒化较充分，所以酝酒酒液清淳、酒味酽冽。

青铜投壶

西汉（公元前 202 年—公元 8 年）
通高 32.5 厘米，口径 3.8 厘米，最大腹径 23.7 厘米
2015 年江西南昌海昏侯墓出土

　　此投壶直颈，扁腹下垂。投壶出现于先秦时期，由射礼演变而来，是高等贵族宴请宾客时的一种礼仪用器。投壶作为一种游戏方式，在汉代十分流行。每逢宴饮，常有投壶节目助兴。

投壶之法，是以壶口做目标，用矢投入，以投中多少决定胜负，负者须饮酒。

青铜雁鱼灯

西汉（公元前 202 年—公元 8 年）

通高 50.8 厘米

雁身长 32.5 厘米，雁身宽 18.7 厘米

鱼身长 17.5 厘米，鱼身宽 11.4 厘米

2015 年江西南昌海昏侯墓出土

此灯作鸿雁回首衔鱼伫立状，由雁衔鱼、雁体、灯盘和灯罩四部分铸组合而成，现灯盘和灯罩均不存。此灯又称"釭灯"，即带导烟管的灯。此灯的导烟管是雁颈，烟气通过导烟管进入灯腹内，使室内减少烟臭而保持清洁。灯盘、灯罩可转动开合以调整挡风和光照。釭灯构思巧妙，设计合理，达到了功能与形式的完美统一。雁鱼灯在山西、陕西等地也有出土，表明这种造型深受当时人们的喜爱。

青铜豆形灯

西汉（公元前 202 年—公元 8 年）
通高 28 厘米，灯盘直径 16.5 厘米，底盘直径 14 厘米
2015 年江西南昌海昏侯墓出土

　　豆形灯早在春秋时期便已出现，因外形与食器中的豆类似，故名。此灯为汉代常见的豆形灯造型：上有盘，中部有柱（校），下有底座（柎）。灯盘中间常见一枚支钉，称为"火主"，也叫"烛钎"。汉代灯的燃料除了麻蒸（剥去麻皮的麻秸）等纤维材料，还有动植物油脂和蜡。海昏侯墓出土的这件青铜豆形灯是油灯，灯盘上有"昌邑"年号的铭文，为判断墓主人的身份提供了相关证据。而出土于墓葬椁室的另一件青铜豆形灯的灯座上清晰地刻有"南昌"二字，是关于"南昌"城的最早、最珍贵的实物资料。

229

青铜连枝灯

西汉（公元前 202 年—公元 8 年）
通高 62.4 厘米，灯盘边长 2.7 厘米，底盘直径 16 厘米
2015 年江西南昌海昏侯墓出土

　　此灯原为五连枝灯，一灯盘不存。连枝灯又称多枝灯，即有多个灯盘的灯。这种灯在战国时已经出现，汉代仍流行。多枝灯由灯座、灯柱、灯枝、灯盘等部分组成，灯盘少则三个，多则十几个，四川地区甚至还出土过东汉时期的九十六枝灯。灯盘分层错落安置，点燃以后，灯火交相辉映，犹如花树。

　　多枝灯的流行与树崇拜和升仙文化的流传发展有关，而其设计运用了杠杆平衡的原理解决灯枝结构的平衡稳定问题，反映出当时人们已经掌握了一定的力学原理。

青铜双烟管釭灯

西汉（公元前 202 年—公元 8 年）

通高 37.5 厘米

2015 年江西南昌海昏侯墓出土

　　釭灯是汉代所创的一种带有导烟管的灯具，由鼎形灯座、带錾灯盘、灯罩、灯盖和左右两个导烟管组成。汉代灯的燃料主要是动、植物油脂，燃烧产生光源的同时，也会因没有完全燃尽而产生烟灰颗粒，造成室内空气污染，而釭灯解决了这一不足。釭灯有单烟管、双烟管两种，此种双烟管釭灯比单烟管釭灯更具导烟能力。釭灯点燃后，产生的烟炱进入两个导烟管，下沉于灯座内，可保持室内清洁。灯的各部分可拆卸，便于经常清扫。

231

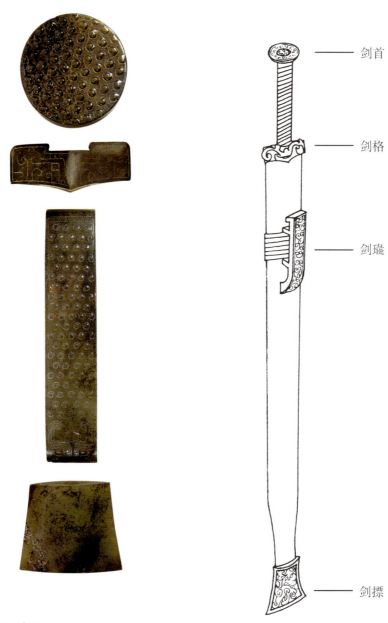

剑首

剑格

剑璏

剑摽

玉剑饰

西汉（公元前 202 年—公元 8 年）
剑首：直径 4.8 厘米，厚 1.7 厘米
剑格：长 5.6 厘米，宽 2.1 厘米，厚 1.9 厘米
剑璏：长 11.5 厘米，宽 2.3 厘米，厚 1.5 厘米
剑珌：上长 3.8 厘米，下长 4.8 厘米，宽 3.9 厘米，厚 1.2 厘米
2015 年江西南昌海昏侯墓出土

　　玉剑饰是古代镶嵌在剑上的剑饰玉，盛行于战国至西汉时期，成套的组合包括玉剑首、玉剑格（琫）、玉剑璏（璲）和玉剑珌四种。考古出土资料显示，玉剑饰的起源可追溯至西周时期，西周晚期河南三门峡虢国墓地虢季墓（M2001）出土的铁剑剑柄部分用玉琢成，可视为玉剑首的前身，江苏六合县程桥二号墓、山西太原金胜村赵卿墓（M251）等春秋晚期的墓葬中陆续发现有玉剑饰出土。战国时期，玉剑饰逐渐流行。至西汉时期，玉剑饰使用更加系统、广泛。广州南越王墓、河北

满城中山靖王刘胜墓、河南南阳百里奚西汉墓（M1）等都出土有剑首、剑格、剑璏、剑珌齐全的玉剑饰。西汉时期的玉剑饰大多形状相似，器表饰云纹、涡纹、谷纹、高浮雕龙纹、螭虎纹、兽纹和瑞鸟纹。

　　剑首安装于剑柄最末端，剑格用于剑柄和剑锋之间，起护手之用，剑璏安装在剑鞘上方，用来贯带系剑于腰部。剑珌安装于剑鞘下部，是用以容剑锋的玉套。

龙凤螭纹韘形玉佩

西汉（公元前 202 年—公元 8 年）
高 9.8 厘米，宽 7 厘米，厚 0.5 厘米
2015 年江西南昌海昏侯墓出土

　　此件玉佩青玉质，外轮廓镂雕龙、凤、螭纹。韘形佩也称鸡心佩或心形玉佩，从古代玉韘演变而来。韘是古代射箭时佩戴在右手拇指上钩弦时用的扳指。玉韘从实用器演变为装饰用的韘形玉佩，可能源于东周时期。韘形玉佩是汉代流行的佩玉。多数韘形佩在心形主体两侧有附饰，但附饰多不对称，一般为镂雕的卷曲云纹、变形凤鸟纹、龙纹等。海昏侯墓所出的这种将龙、凤、螭三种纹样镂刻于一身的玉佩非常少见，反映出海昏侯身份的特殊。

勾连云纹玉环、谷纹玉璧

西汉（公元前 202 年—公元 8 年）
玉环：外径 10.6 厘米，内径 6.7 厘米
玉璧：外径 11.6 厘米，内径 4.6 厘米
2015 年江西南昌海昏侯墓出土

　　玉环、玉璧均为圆形、片状、中部有孔的玉器，玉璧较玉环孔小。这件玉环上的每组纹样皆以 3 个互相垂直的 C 形云纹勾连而成，各组云纹再依次排列，环绕玉环一圈。这种 C 形云纹主要流行于战国晚期和西汉早期。

　　汉代，玉璧既是礼玉，又是装饰玉和葬玉，是反映汉文化的重要载体。谷纹是汉代玉璧常见的纹样，由排列有序的圆形颗粒组成，这些颗粒有时拖曳小尾而呈旋涡形。

　　海昏侯墓出土玉器按照功能可分为：礼仪用玉，包括众多大型玉璧、一件大型玉圭和一件旧琮改制的蟠螭纹龙首纹龙形玉饰，而数件小型玉璧和石圭应为由礼仪用玉转变成的装饰用玉；生活用玉，数量较少，有玉带钩、玉羽觞和玉印，其中"大刘记印"和"刘贺"玉印被认为是私印；丧葬用玉，只有玉枕、

琉璃席、玉眼罩、玛瑙鼻塞、玉勒以及个别初步加工的玉璧，未出土成套的玉殓具，但有大量尚未加工成器的玉片和玉材，其中相当部分可能计划用来作为丧葬用玉；装饰用玉，数量最多，可分为人饰和物饰。人饰包括大型人佩饰，如韘形玉佩、玉舞人佩、玉环等，但没有大型组玉佩；小型人佩饰，如龙形玉佩、凤鸟形玉佩、水晶珠、玛瑙珠等。物饰包括一般装饰，如玉剑饰、凤形石饰、龙形石饰等。就玉器纹饰而言，谷纹、涡纹、蒲纹、兽面纹、龙纹、螭纹、凤鸟纹、龟纹等均是西汉常见的纹饰。就加工工艺而言，使用了切割、钻孔、阴刻、阳刻、磨抛、掏膛工艺以及浅浮雕、高浮雕、镂空雕、活环、镶嵌、拼接、改制等复合工艺和技术，显示出当时加工玉器的工艺复杂、技术高超。

凤鸟纹玉耳杯

西汉（公元前 202 年—公元 8 年）
长 12.3 厘米，宽 7.8 厘米，高 3.1 厘米
2015 年江西南昌海昏侯墓出土

　　此耳杯和田白玉质、纯净，有灰黑、灰褐色沁，由整块玉料雕琢而成。整器呈椭圆形，薄壁，浅腹，平底，两侧边有月牙形耳。杯内侧壁光素无纹，内底中央阴刻两只中心对称的抽象凤鸟纹，周围环绕椭圆形平行双阴线一圈，外围再环绕同心椭圆带一圈，带内阴刻两组对称的鸟云纹和云气纹。杯外壁两端浅浮雕兽面纹，其余阴刻鸟云纹、云气纹和柿蒂纹，外底阴

刻一只与内底相似的抽象凤鸟纹。耳面饰左右对称的鸟云纹。纹饰简洁洗练、器表抛磨精细。

　　耳杯又名"羽觞"，源于战国，盛行于汉晋，除了用于饮酒外，还可用作食器。如马王堆 1 号墓所出漆耳杯中，除有的书"君幸酒"外，还有些书"君幸食"。

玉带钩

战国—汉（公元前 475 年—公元 220 年）
长 9.5 厘米，宽 1.1 厘米，高 1.7 厘米
2015 年江西南昌海昏侯墓出土

带钩用于系腰带，其作用相当于今天的腰带扣，一般由钩首、钩身和钩钮三部分组成。带钩最早见于西周晚期墓葬中，常见样式有兽面形、曲棒形、琵琶形和各种异形钩。其中曲棒形和琵琶形带钩战国时已广泛流行，其钩钮均靠近钩尾。这件玉带钩的钩钮靠近钩尾，符合战国时期带钩的特征。而汉代带钩的钩钮上移至钩身中部或接近中部，这是断代的标志之一。

236

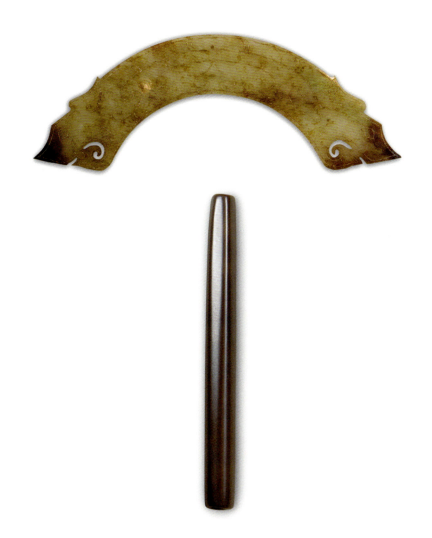

组玉佩

战国—汉（公元前 475 年—公元 220 年）
玉璜：长 17.3 厘米，外径 16.2 厘米，内径 10.8 厘米
玉管：长 7.5 厘米，上端孔径 0.3 厘米，下端孔径 0.4 厘米
玉舞人：高 9.3 厘米，最大宽 3.1 厘米
2015 年江西南昌海昏侯墓出土

　　此组玉佩由双龙首玉璜、玉管和玉舞人组成。玉舞人直鼻凸目，发型复杂，两耳侧各有一绺飘扬的卷发，着交领宽袖曲裾长裙，一袖甩过头顶，另一袖横置腹部。玉舞人的造型与河南洛阳金村战国晚期大墓出土的双舞人玉佩、上海博物馆收藏的战国人形佩相似，应为海昏侯刘贺收藏的战国旧玉。

　　组玉佩是春秋战国时期悬挂在贵族颈下和腰间的最主要的装饰品，其主要组合器类是璧、璜、环和冲牙等，它们之间用丝带穿系，系带上缀珠子和玉管。多璜组玉佩是礼尊卑的标志，地位越高的贵族佩戴的组玉佩串饰越多，质地、工艺越精良。

龙形石饰（一组 2 件）

西汉（公元前 202 年—公元 8 年）
残高 3.1 厘米，宽 2.5 厘米，厚 0.4 厘米
残高 3.1 厘米，宽 2.2 厘米，厚 0.4 厘米
2015 年江西南昌海昏侯墓出土

　　此两件龙形石饰灰白色大理岩质，风化不明显。片状，双面透雕龙形，蹲状，昂首挺胸，整体呈 S 形，叶形耳，杏眼，上下颌均向下内卷，口中衔珠，头顶一束鬃毛下垂外卷，尾部上翘。龙身以阴线勾勒出身体结构，底部钻有前横孔、中直孔和后斜孔，用以固定，应该是装饰在某种器物上的装饰用器。

【陕西澄城"11.25"特大盗掘古墓葬案】

2016年11月25日晚，陕西省渭南市澄城县王庄派出所接到群众报案：王庄镇刘家洼村有人实施盗墓。王庄派出所迅速组织警力赶赴现场，与正在实施盗墓的20余名犯罪嫌疑人遭遇并展开搏斗，2名民警负伤，犯罪嫌疑人逃离现场。澄城县公安机关经过一年多的艰苦鏖战，辗转北京、山西、天津、河北和陕西多地，行程万余公里成功破获此案。截至2018年6月，共打掉盗墓团伙8个，抓获犯罪嫌疑人65名，其中包括6名公安部A级通缉令逃犯，扣押、冻结涉案赃款655万元人民币，追缴被盗文物515件，其中一级文物12件，二级文物15件，三级文物62件。

搜查起赃

追缴文物

　　刘家洼墓地位于陕西省澄城县王庄镇刘家洼村西的鲁家河（洛河支流长宁河上游）东岸塬边，邻沟而居，北距黄龙山约10公里。这里处在沟通关中乃至中原与北方的洛河通道上，是宗周与晋地交通往来要道之一、秦晋春秋争锋之地，位置关键而重要。

　　2017年2月，陕西省考古研究院联合当地文物部门对刘家洼墓地进行了全面勘探与抢救性发掘，共发现青铜器、玉器等各类珍贵文物300余件（套），探明古墓葬共4处210余座，其中2座为"中"字型大墓。通过对出土遗迹、遗物综合分析，推断这里是芮国后期的都城遗址及墓地，填补了芮国后期历史的空白，提供了周代王室大臣采邑（地）向东周诸侯国发展演变的典型案例，对推动关中东部周代考古乃至周代历史的研究具有重要的意义。

　刘家洼墓地鸟瞰图

发掘现场

出土文物保护

兽面纹青铜甗

商（约公元前 1600 年—公元前 1046 年）

二级文物

高 39.5 厘米，口径 23 厘米

陕西澄城"11.25"特大盗掘古墓葬案追缴

此甗为联体铸造，上半部甑，双立耳，腹部饰兽面纹和蕉叶纹。下半部鬲，分裆，三足。甗广泛流行于商代至战国时期，最初为陶制，后逐渐出现青铜制品。器形随时代稍有变化，新石器时代的陶甗，甑部较大，鬲部较小。商及西周早期的青铜甗，甑、鬲多混体合铸，有两直耳。春秋战国时的青铜甗，甑、鬲多分体，直耳变为附耳。

云雷纹青铜盘

商（约公元前 1600 年—公元前 1046 年）

二级文物

高 14 厘米，口径 34.3 厘米，底径 17.2 厘米

陕西澄城"11.25"特大盗掘古墓葬案追缴

此盘折沿，敞口，浅腹，高圈足。腹部及圈足饰云雷纹及变体龙纹，盘内底饰涡纹。

窃曲纹青铜簋（一组 2 件）

西周（公元前 1046 年—公元前 771 年）
一级文物
通高 27 厘米，口径 24.5 厘米，足径 23 厘米
陕西澄城"11.25"特大盗掘古墓葬案追缴

　　此二簋形制、纹饰、大小同。浅腹钵形盖，上有圈足式握手。簋身敛口，鼓腹，兽首环耳，平底，矮圈足，圈足下接三小蹄足。器盖、器身均饰窃曲纹和瓦棱纹，圈足饰窃曲纹。

兽面纹青铜爵

西周（公元前 1046 年—公元前 771 年）
二级文物
高 20 厘米，流至尾长 18 厘米
陕西澄城"11.25"特大盗掘古墓葬案追缴

此爵筒状腹，口缘前有长流，后有尖状尾，流上近口缘处
有双柱，腹侧有鋬，腹下接三个尖状足。颈部饰蕉叶纹，腹部
饰兽面纹。

石编磬（一组 9 件）

西周（公元前 1046 年—公元前 771 年）
一级文物

高 8.5 厘米，上宽 23.0 厘米，下宽 21.0 厘米，厚 1.5 厘米
高 9.5 厘米，上宽 27.5 厘米，下宽 24.0 厘米，厚 1.5 厘米
高 10.0 厘米，上宽 26.0 厘米，下宽 23.0 厘米，厚 2.0 厘米
高 12.0 厘米，上宽 29.0 厘米，下宽 26.0 厘米，厚 2.5 厘米
高 12.7 厘米，上宽 34.0 厘米，下宽 30.0 厘米，厚 3.0 厘米

高 15.0 厘米，上宽 37.5 厘米，下宽 36.5 厘米，厚 3.0 厘米
高 16.5 厘米，上宽 40.5 厘米，下宽 37.0 厘米，厚 3.0 厘米
高 17.5 厘米，上宽 47.0 厘米，下宽 44.0 厘米，厚 3.5 厘米
高 20.5 厘米，上宽 53.0 厘米，下宽 48.0 厘米，厚 4.0 厘米
陕西澄城"11.25"特大盗掘古墓葬案追缴

　　此组石编磬青石质地，形制相同，尺寸大小依次递减。两博均为弧形，在两博与股上边、鼓上边相交处各有一个折角，与倨句一起大致构成一个山字形。

　　磬是我国一种打击乐器，绝大部分为石灰岩质，也有陶质、木质和琉璃质等。不晚于新石器时代龙山文化时期，磬已出现，主要分布在黄河中游地区，早期的磬多就地取材，一般选取那些层理较好、质地匀密、弹性较大的石材。制法以打制为主，琢磨为辅。夏商时期，磬的制作技术提高，精研细磨，不仅外观光洁，而且音质有了很大改观。但这一时期的磬仍没有完全

定型，更没有规范化，且磬的大小及精美程度与主人的身份地位密切相关，其中殷墟武官村大墓出土的两面雕琢有精美虎纹的特磬代表了这个时期的最高工艺水平。成组的编磬出现于晚商时期，已知最早的编磬数量不超过 5 件，出土于殷墟西区一墓葬中，这个时期的编磬出现了明显的倨句，股二鼓三的结构显现，具备了后世编磬的基本轮廓。无论是特磬还是编磬，精确的音准和优良的音质尤为重要，但其外观形制和琢磨程度都会对此有所影响。不像以往因声就材，晚商时期磬的琢磨已做到了以声取材。不过，有时候为了确保音质，不得不进行大量

的琢磨，所以编磬的外形不是整齐划一。进入周代，胚体设计精确，外观整齐划一，实现了磬体结构股二鼓三的定型化。同时，编磬的组件数也在迅速增加，一般不少于 5 件，而且随着时间的推移，编磬的件数还在扩大并且结合方式呈现多样化趋势。

演奏时，编磬按一定的音阶被分散悬挂于磬架上，每磬可发一音。演奏者坐在磬架后，双手各执一槌，以槌击鼓上角，可单击，也可双击、轮击。音的高低取决于磬的形制，大而薄则音低，小而厚则音高。不同的磬，音高不一样，由此奏出不同的音乐旋律。

磬除了作为乐器外，从一开始就被更多地赋予了礼器的功能，而编磬的出现，则是其礼器功能得到进一步加强的表现。先秦时期，作为礼乐器，编磬的使用是有严格的等级限制的，只有高等级贵族才有使用编磬的权利，而且不同的身份所使用的编磬件数和组合也有所不同。编磬除了在高级贵族的祭祀、宴飨等礼乐活动中广泛使用外，也多随去世的主人葬入墓内。从考古发现看，编磬多与编钟相伴而出，正与文献记载相吻合，故有"钟之与磬也，近之则钟音充，远之则磬音彰"。

青铜鼎、青铜簋（9 件）

春秋（公元前 770 年—公元前 476 年）
二级文物
鼎：通高 23.8 厘米，口径 29.5 厘米，耳间距 33.2 厘米
　　通高 21 厘米，口径 27.7 厘米，耳间距 31.5 厘米
　　通高 19 厘米，口径 26 厘米，耳间距 29 厘米
簋：通高 17.5 厘米，口径 16.5 厘米，耳间距 26.5 厘米
陕西澄城"11.25"特大盗掘古墓葬案追缴

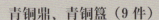

　　五件青铜鼎器形纹饰一致，大小相次，均为折沿、附耳、圆腹、兽蹄形足，腹中饰一周凸弦纹分上下两隔，上为窃曲纹，下饰波曲纹。

　　青铜簋浅腹钵形盖，上有圈足式握手。簋身敛口、鼓腹、兽首环耳、平底、矮圈足，圈足下接三小蹄足。器盖饰窃曲纹，器身饰窃曲纹和瓦棱纹，圈足饰重环文。《春秋公羊传》桓公二年，何休注："礼，祭天子九鼎，诸侯七，大夫五，元士三也。"

248

青铜鼎

春秋（公元前 770 年—公元前 476 年）
高 17.5 厘米，口径 17.9 厘米
2018 年陕西澄城刘家洼墓地出土

　　此鼎折沿，方唇，敞口，立耳，圜底，兽蹄形足。颈部饰
窃曲纹，腹部饰两层垂鳞纹。

青铜鼎

春秋（公元前 770 年—公元前 476 年）
高 31.9 厘米，口径 33.9 厘米
2018 年陕西澄城刘家洼墓地出土

　　此鼎宽折沿，敞口，立耳，圜底，粗壮兽蹄形足。颈部饰一周窃曲纹，内壁铸"芮公"铭文。刘家洼墓地 M3 共出土 2 件铸有"芮公"的同铭铜鼎，另 M2 椁室东北角建鼓，鼓柱铜套上刻铭"芮公"作器，下压的 1 件青铜戈上亦有"芮行人"铭文。有学者推测 M2、M3 两墓墓主分别为春秋早中期一代芮国国君和"芮公夫人"。

青铜簋（一组 4 件）

春秋（公元前 770 年—公元前 476 年）
高 16.1 厘米，口径 13.8 厘米
高 16.1 厘米，口径 13.8 厘米
高 16 厘米，口径 13.8 厘米
高 15.8 厘米，口径 13.9 厘米
2018 年陕西澄城刘家洼墓地出土

此四簋形制、纹饰同，大小相次。浅腹钵形盖，上有圈足式握手。簋身敛口，鼓腹，兽首环耳，平底，矮圈足，圈足下接三小蹄足。器盖饰窃曲纹，器身饰重环纹和瓦棱纹，圈足饰垂鳞纹。

青铜甗

春秋（公元前 770 年—公元前 476 年）
通高 48.5 厘米
2018 年陕西澄城刘家洼墓地出土

此甗由上、下两部件组成，分体铸造，以榫槽扣合而成。上层是甑，双立耳，口沿下装饰弦纹，甑底有长条形算孔；下层是鬲。

青铜盘、青铜匜

春秋（公元前 770 年—公元前 476 年）

匜：通高 15.1 厘米，长 29.6 厘米

盘：通高 16.2 厘米，口径 35.7 厘米

2018 年陕西澄城刘家洼墓地出土

　　青铜匜略呈椭圆形，前有流，后有卷躯龙形鋬，平底，下承四兽蹄形足。腹部及足饰龙纹。青铜盘敞口浅腹，口沿唇下左右各有一拱桥形耳，上腹饰一周变体龙纹；下腹为一周窃曲纹。

青铜壶（一组 2 件）

春秋（公元前 770 年—公元前 476 年）
通高 23.8 厘米，口长 11.5 厘米，口宽 9.3 厘米
通高 23.9 厘米，口长 11.6 厘米，口宽 9.4 厘米
2018 年陕西澄城刘家洼墓地出土

　　两件青铜壶形制、大小相若，呈椭方形，长颈、垂腹、圈足、
兽首环形耳。颈饰波曲纹，腹部饰双身龙纹，圈足饰变体龙纹。

青铜鬲

春秋（公元前 770 年—公元前 476 年）

三级文物

高 11.5 厘米，口径 15.7 厘米

陕西澄城"11.25"特大盗掘古墓葬案追缴

　　此鬲器身较矮，平折沿，束颈，鼓腹，矮蹄足，蹄足下端稍大，腹部与足对应之处各有一道扉棱，器腹饰变形龙纹。

波曲纹青铜壶（一组 2 件）

春秋（公元前 770 年—公元前 476 年）
三级文物
通高 28.2 厘米，口长 11.3 厘米，口宽 8.3 厘米
通高 28.7 厘米，口长 11.0 厘米，口宽 8.4 厘米
陕西澄城"11.25"特大盗掘古墓葬案追缴

　　两件青铜壶形制相同，大小相次。均子母口，长颈，兽首
环形耳，垂腹，平底，高圈足。盖饰重环纹，颈上部饰波曲纹，
下部饰窃曲纹，腹部饰变形龙纹，圈足饰垂鳞纹。

青铜盉

春秋（公元前 770 年—公元前 476 年）

三级文物

通高 23.3 厘米，口长 8.5 厘米，口宽 6.4 厘米

陕西澄城"11.25"特大盗掘古墓葬案追缴

此盉直口，方唇，束颈，椭圆形扁腹，管状流，龙首环形鋬，
四兽蹄形足。腹部正背面饰一周龙纹和几何纹饰组成的装饰，
足饰龙纹。

蟠螭纹青铜矛（6 件）

春秋（公元前 770 年—公元前 476 年）
三级文物
长 27.6—28.1 厘米
陕西澄城"11.25"特大盗掘古墓葬案追缴

　　青铜矛均呈柳叶形，矛叶横截面作十字形，宛若四翼，与
陕西户县宋村 M3 春秋秦墓出土的铜矛类似，乃典型秦器。

玉琮

春秋（公元前 770 年—公元前 476 年）
通高 5.9 厘米，直径 3.4 厘米
2018 年陕西澄城刘家洼墓地出土

　　此玉琮与常见玉琮之内圆外方特点不同，仅一侧见方，两折角雕饰立人，其他部分雕刻抽象兽面和线条。此类形制的琮以往仅见于齐家文化，但纹饰却为两周之际所见，当是由齐家玉器改形而成。

玉璧

春秋（公元前 770 年—公元前 476 年）
外径 19.1 厘米，内径 7.5 厘米
2018 年陕西澄城刘家洼墓地出土

　　此玉璧青玉质，豆青色，受沁，有少许黄褐色沁斑，
玉质细腻温润。正面饰龙纹，布局规矩严谨，雕琢精美。
背部平齐。

【山东滕州"2.10"大韩村特大盗墓案】

2016 年 11 月，山东省滕州市公安局接到报案称：有人在官桥镇大韩村古文化遗址内盗掘文物。公安部和国家文物局强力督办，枣庄、滕州两级公安机关历时 8 个多月，成功侦破此案，打掉以秦某、高某为首的盗掘古文化遗址古墓葬犯罪团伙，抓获犯罪嫌疑人 22 名，其中包括 2 名公安部 A 级通缉令逃犯，追缴涉案文物 229 件，其中一级文物 3 件，二级文物 5 件，三级文物 46 件。

抓捕犯罪嫌疑人

2017—2018 年，山东省文物考古研究院联合当地文物部门分二期对大韩村墓地进行了抢救性发掘，共清理东周时期墓葬 139 座，出土青铜器、玉器等各类珍贵文物 1500 余件。大韩村墓地的发掘，对研究薛河流域周代文化遗存，完善区域文化谱系，深入研究泗上十二诸侯及其与周边古国的关系等皆具有重要的学术价值。

发掘现场

出土文物保护

窃曲纹青铜鼎

春秋（公元前 770 年—公元前 476 年）
通高 27 厘米
2017 年山东滕州大韩村墓地出土

此鼎器形完整，有盖，盖顶中心有一个半环形钮，外缘有三个对称的矩形钮。鼎敛口平缘，附耳，当为纳盖之用。腹部呈半球状，中饰一周凸弦纹分上下两隔，口沿下饰窃曲纹。底部下承三兽蹄足。

西周之后，商代鼎的神秘色彩逐渐淡化，开始追求简朴和典雅之美。研究者认为，带盖附耳鼎是一种时代较晚的鼎形，春秋中晚期才逐渐流行。1956 年临淄齐故城内出土的战国国子鼎，形制与此同。

青铜鼎

春秋（公元前 770 年—公元前 476 年）
二级文物
通高 41 厘米，口径 30 厘米
山东滕州 "2.10" 大韩村特大盗墓案追缴

　　此鼎器形完整，有盖，盖顶有四个半环形钮。鼎敛口平缘，附耳外侈，腹部呈半球状，素面，腹外壁有二环形钮对称分布，底部下承三条细长兽蹄足。该鼎为春秋晚期至战国早期常见的青铜鼎式样之一，与中原地区河南省洛阳市中州路 M4、山西省万荣庙前村春秋时期 M1、山西省长治市分水岭 M270、山西省运城市临猗程村 M1002、M0003、M1064、河南省新乡市辉县琉璃阁甲墓等地出土的青铜鼎形制相似。

　　目前所见最早的青铜鼎出土于夏代晚期的二里头遗址，而贵族用鼎的习惯一直沿用至两汉。春秋早期鼎的式样承袭西周晚期的形制，中期以后鼎的形制与纹饰产生剧烈变化，开始出现此类附耳外侈的青铜鼎，且鼎足变细变高。由于春秋晚期中叶此样式鼎腹部进一步变浅，因此该青铜鼎时代应为春秋晚期偏早。

青铜豆（一组 2 件）

春秋（公元前 770 年—公元前 476 年）
三级文物
通高 27 厘米，腹径 25 厘米
山东滕州 "2.10" 大韩村特大盗墓案追缴

　　此青铜豆带盖，盖顶作圈足形捉手。器盖相合作扁圆形，口沿以子母口相扣合，口沿下方对称饰二环耳，其中一豆一环耳残，豆柄较粗短，圈足扁平，整器素面。

　　陶豆始见于新石器时代，商周时期，陶豆仍是最常见的日用陶器。青铜豆始见于商后期，通行于两周，盛行于春秋晚期至战国时期。盖豆为春秋时期新见器类，此青铜豆与山东滕州薛国故城 M6:3 出土的青铜豆形制相似，但薛国故城出土的青铜豆豆柄与圈足连接处有明显收腰，此器与薛国青铜器有明显的相互影响关系。

青铜敦（一组 2 件）

春秋（公元前 770 年—公元前 476 年）
三级文物
通高 10 厘米，腹径 29 厘米
山东滕州 "2.10" 大韩村特大盗墓案追缴

　　此青铜敦器盖合呈扁椭圆形，盖中部对称饰二环耳，器腹较盖略深，口沿下部饰二对称环耳，平底，素面。

　　敦由鼎、簋的形制结合发展而成，产生于春秋中期，盛行于春秋晚期至战国时期，秦代以后消失。此青铜敦在器形上与山东莒南大店老龙腰春秋晚期莒国大墓 M1:15、临沂凤凰岭东周墓葬出土的春秋中晚期青铜敦器形较为相似，其中莒国大墓青铜敦盖顶另有三枚环耳。

青铜壶（一组 2 件）

春秋（公元前 770 年—公元前 476 年）
三级文物
通高 47 厘米，口径 18 厘米
山东滕州"2.10"大韩村特大盗墓案追缴

此青铜壶为圆腹壶，带平盖，盖顶有一环钮。壶微侈口，宽颈，颈两侧设兽首半环形耳，腹呈圆球形，素面无纹饰，圈足较高。青铜壶主要用作盛酒器，《诗经·大雅·韩奕》载"清酒百壶"，说明了西周时期壶的用途。东周文献《仪礼》《周礼》亦对以壶为盛酒器有所记载。又《周礼·夏官·挈壶氏》载"掌挈壶以令军井"，知此时壶亦为盛水器。

青铜壶始见于商代中期，流行于西周至汉代。此种平盖小口形制的青铜壶，通常为双耳带提梁或配双环耳，山东地区枣庄东江村春秋早期墓 M3 出土的园君妇媿壶与此壶器形相似，但无盖并多二环耳，且腹部比此壶略宽大，上饰瓦纹。春秋晚期齐国墓葬亦出土了与此壶器形类似的青铜壶，如临朐杨善墓出土的公子土折壶及莱芜西上崮墓出土的提梁壶。此式样青铜壶的发现填补了春秋晚期带盖兽耳青铜壶的缺环。

青铜壶（一组 2 件）

春秋（公元前 770 年—公元前 476 年）
三级文物
通高 46 厘米，口径 16 厘米
山东滕州"2.10"大韩村特大盗墓案追缴

　　此壶带平盖，上有半环形钮，壶口微侈，颈部较短，腹圆鼓，上腹及下腹分饰一对环耳，腹部饰四条弦纹，壶底无圈足。此形制壶在中原地区及山东地区均比较少见，山东莒县天井汪出土的春秋中期青铜壶与此壶器形相似，但其盖顶饰 3 枚环钮，

壶颈略短，下腹部环耳与上腹部环耳垂直分布，底部有矮圈足。此壶的发现为学界研究春秋时期海岱地区青铜器提供了宝贵的实物资料。

阮公戈

春秋（公元前 770 年—公元前 476 年）
一级文物
长 29 厘米，宽 11.5 厘米
山东滕州"2.10"大韩村特大盗墓案追缴

　　此戈援部狭长，直内上有一穿，内下缘尾部呈弧形，上刃与内后缘齐平，短胡，上有三穿。胡上铸铭文："阮公克父择其吉金，作其元用。"阮即后世之"郳"，知此戈为郳国公郳克父所制，克父其人未见文献记载。

　　郳国是西周晚期由邾国分出的支系，又称小邾国。邾国国君夷父邾颜因有功于周室，故其子友（友父，或即肥）得以受封在郳，为附庸国，国名称郳。2002 年，考古学家在山东省枣庄市东江村发掘了 6 座春秋时期的贵族墓葬，出土大量带有铭文的青铜器，郳国的存在得以证实。李学勤先生在《小邾国墓及其青铜器研究》一文中梳理了郳国早期的君主世系：始封君为郳友，其子为郳庆（郳庆），其曾孙为《春秋》庄公五年（公元前 689 年）记载的朝鲁的犁来，而春秋晚期郳国的文化面貌仍不得而知。此戈形制与春秋中晚期薛国古城 2 号墓出土的青铜戈形制相似，推断此戈年代为春秋中晚期。

菱形纹青铜矛

春秋（公元前 770 年—公元前 476 年）
二级文物
长 29 厘米，宽 4 厘米
山东滕州"2.10"大韩村特大盗墓案追缴

  此矛头骹形宽大，两侧刃呈凹弧形，刃下端本的部位作圆弧形，骹口呈弧形，中空，矛头表面有规则菱形纹。这种菱格纹装饰与春秋晚期至战国早期吴越地区流行的矛头形制相类。

  东周时期，出于诸侯争霸需要，兵器的形制与制作技术有了显著的发展。《考工记·总序》载："吴粤（越）之剑，迁乎其地而弗能为良。"从此记载可知，东周时期吴、越地区的兵器制作技术名满天下。贵族大兴佩剑之风，也促进了青铜兵器装饰技术的发展，青铜兵器上出现了剑首同心圆、错金银、鎏金、镶嵌宝石、亮斑、虎皮斑、精细透雕、火焰纹、菱形纹等多种装饰技术。随着著名的越王勾践剑及吴王夫差矛的出土，

这类具有装饰性的菱形暗格纹，其化学成分、结构以及形成工艺引发了学术界的浓厚兴趣，菱形纹技术研究也成为中国青铜器研究与中国科技史研究的重要课题。研究早期，有学者猜测此菱形纹饰采用"上釉与封闭"技术制成，也有学者认为此纹饰使用"铸槽填锡"技术制作而成。21 世纪初，来自上海博物馆、上海材料研究所及宝山钢铁集团公司钢铁研究所的多位学者，对上海博物馆藏菱形纹饰剑残段进行了有损检测，并经过多次模拟试验，论证了菱形纹饰的处理工艺为"金属膏剂涂层工艺"，即将金属膏剂规则涂覆于剑的表面，处理后无膏剂的部分呈现剑用锡青铜的金色，有膏剂的部分因锡含量较高而呈现银白色。

青铜剑

春秋（公元前 770 年—公元前 476 年）

二级文物

长 27 厘米

山东滕州 "2.10" 大韩村特大盗墓案追缴

　　此剑器形较为完整，脊呈直线，斜从而宽，两从均匀，倒凹字格，较厚，圆茎有双箍，便于缠缑，同心圆剑首，为典型的春秋晚期吴越地区流行式样。

　　1965 年在原楚国属地湖北江陵楚墓中出土了铸有铭文 "越王勾践，自作用剑" 的青铜剑，随着著名的越王勾践剑及吴王夫差矛的出土，其表面的菱形暗格纹和剑首端部薄壁如纸的同心圆是如何形成的，引起中外考古界和科技史界的极大兴趣。

　　20 世纪 70 年代末，中、美、加等国学者曾对其成分、组织进行分析，未有定论。21 世纪初，上海博物馆、南京博物院和上海材料研究所等单位组成的课题组研究揭谜并复原了古法制作工艺。剑首同心圆壁薄突起，间距极窄，底部还有细绳阳纹，无法采用机械加工，非铸造不能成形。课题组参照我国新石器时期轮制法制蛋壳陶的原理，沿袭古法配成特殊的范料，反复试制成剑首同心圆陶范，终于铸成与文物标本相似的同心圆结构。

青铜镈

春秋（公元前 770 年—公元前 476 年）
三级文物
山东滕州"2.10"大韩村特大盗墓案追缴

　　青铜镈保存基本完好，大小相次，钮作蟠螭纹繁钮，平舞，腔体截面为合瓦形，两铣弧度极微，近于斜直。每件镈有枚 36 个，作圆乳钉形，篆间与鼓部无纹饰。此套镈与山东滕州庄里西出土的春秋晚期镈形制类似，但此套镈钮部较简单。

　　镈为一种钟体有悬钮、平口、击奏体鸣的大型乐器，其钮部多附有蟠曲堆垛的兽形纹饰，无枚或有扁圆及其他形制的枚，依据体腔横截面可分为扁椭圆体与合瓦体两种类型。镈盛行于东周时期，为贵族宴飨或祭祀时与编钟、编磬相和使用的乐器。春秋中晚期以来，出现以镈自名的青铜乐器，但仅限于山东地区的齐、邾、郳等国，如齐叔尸镈、齐口镈、邾公孙班镈，另有近年出土的郳公镈。

【陕西淳化"7.20"系列盗掘古墓葬案】

2016 年 7 月初，陕西省咸阳市淳化县公安局获悉线索：国家重点文物保护单位汉云陵遭到盗掘。公安部挂牌督办、国家文物局重点督导，淳化县公安机关历时 18 个月，行程 80 余万公里，成功打掉长年流窜在陕西、甘肃、山西、河南、广东等五省十六地市以盗墓、倒卖文物为业的犯罪团伙 10 个，抓获犯罪嫌疑人 106 名，其中公安部 A 级通缉令逃犯 5 名，破获盗掘古墓葬等文物案件 104 起，追缴涉案文物 1300 余件，其中一级文物 22 件、二级文物 72 件、三级文物 293 件。

案件侦办途中

抓捕犯罪嫌疑人

错金青铜编钟（一套 23 件）

汉（公元前 202 年—公元 220 年）
一级文物
甬钟：高 15—19.8 厘米，宽 7.5—9.9 厘米
螭虎头挂钩：高 8.7—9.3 厘米
支架：高 51 厘米
架顶构件：长 11.5 厘米，宽 5.3 厘米
撞铃：长 5.5 厘米
陕西淳化"7.20"系列盗掘古墓葬案追缴

鎏金铜编钟（一套 23 件）

战国晚期—汉初
一级文物
甬钟：高 15—19.8 厘米，宽 7.5—9.9 厘米
螭虎头挂钩：高 8.7—9.3 厘米
支架：高 51 厘米
架顶构件：长 11.5 厘米，宽 5.3 厘米
撞铃：长 5.5 厘米

陕西淳化"7.20"系列盗掘古墓葬案追缴

陶编钟（一套 18 件）

汉（公元前 202 年—公元 220 年）

一级文物

甬钟：高 26.8—28.8 厘米，宽 12—14.4 厘米

钮钟：高 9.3—15 厘米，宽 5.7—10.2 厘米

神兽底座：高 22 厘米，长 43 厘米

跪俑：通高 35 厘米

陕西淳化"7.20"系列盗掘古墓葬案追缴

彩绘着衣陶俑（3件）

汉（公元前 202 年—公元 220 年）
一级文物
通高 50—65 厘米
陕西淳化 "7.20" 系列盗掘古墓葬案追缴

　　俑泥质灰陶，呈无臂站立状，原应安装有木质手臂，身着丝麻质衣服，现已腐朽。经研究，陶俑均用经过筛选、淘洗的黑垆土做原料，经成型——窑烧——绘彩——着衣 4 个阶段制作而成，身体分头、躯干、腿和脚四段以模具加工，然后入窑装烧，烧成后施以彩绘，颜面、躯干和下肢为橙红色，发、眉、须、目为黑色，最后再给俑安上手臂，穿上衣服。

　　此式俑最早大量出土于汉景帝阳陵丛葬坑中，流行于西汉中晚期，是皇帝、皇后及宗室皇族专用的随葬品，晚期以后消失，个别诸侯王和王室成员随葬此类俑，应属特例。淳化 "7.20" 系列盗掘古墓葬案追缴的彩绘着衣陶俑，为研究汉代丧葬礼制、社会生活及科学技术等，提供了新的重要资料。

陶卤簿俑（一组 11 件）

明（公元 1368 年—1644 年）

二级文物

通高 25 厘米

陕西淳化 "7.20" 系列盗掘古墓葬案追缴

　　此套俑皆为男性，服饰一致，皆头戴小帽，身着绿衣，外套黑色对襟无袖罩甲，脚穿黑靴。传说明太祖朱元璋创制"六合一统帽"，是一种小帽，也就是瓜皮帽的原型。《豫章漫钞》云："今人所戴小帽，以六瓣合缝，下缀以檐如筒。阎宪副闳谓予言，亦太祖所制，若曰'六合一统'云尔。"除六瓣的小帽外，明代图像和文物中还常见一种不分瓣的小帽，样式同此套陶俑。小帽在明代极为流行，各阶层男性皆可穿戴。罩甲也是颇具明代特色的服装，士兵、差役多着罩

甲。从小帽配罩甲的组合来看，此套俑出自明墓无疑。至于人物身份，当为卤簿俑，或者说是模仿了官员的差役或仆从。众俑持物有扇子、方箱、铺盖、大帽、篓子、水瓶、罐子等。这些用具并非随行仆从自己所用，而是为主人备设的。综合以上服饰和持物的讨论，这套俑应定名为明代卤簿俑。卤簿，即仪仗队，是礼制下表现人物身份等级的产物。明卤簿俑一般尺寸短小，形同玩偶，往往还配有微缩版的家具，是了解明代舆服制度和家具的重要物证。

【陕西西安"12.25"跨省盗窃、倒卖文物案】

2015 年 12 月 25 日，陕西省西安市公安局接到群众举报：有人组织盗取并倒卖山东省淄博市某工地施工挖出的大量石刻文物。公安部挂牌督办，西安市公安机关历时一年半，辗转陕西、河南、山东、上海等省、直辖市，成功破获该案。抓获犯罪嫌疑人 11 名，追缴北魏、北齐时期珍贵石刻文物 160 余件，其中一级文物 2 件、二级文物 7 件、三级文物 39 件。这些石造像为研究北朝时期佛造像的区域特征及艺术风格提供了珍贵的实物资料。

在犯罪嫌疑人家中缴获文物

涉案文物被查扣、移交

彩绘石雕佛菩萨三尊立像

北魏晚期—东魏
一级文物
高 131.5 厘米，宽 86 厘米
陕西西安 "12.25" 跨省盗窃、倒卖文物案追缴

此像以一主尊、二胁侍菩萨的一铺三身组合为主，背屏顶部是宝塔，两侧环绕飞天。主尊为彩绘佛立像，低肉髻，面相圆润，嘴角含笑，内着僧祇支，外披褒衣博带式袈裟，头后莲花项光。左右为胁侍菩萨，菩萨头戴宝冠，长眉细眼，嘴角上翘，呈微笑状，双耳垂较长。在主尊和胁侍菩萨之间的下部刻有祥龙，龙嘴吐出水柱，而水柱又托起莲花、莲叶、莲蕾，形成基座，将胁侍托起。这样的基座，比以往常见的仰莲、覆莲基座更显生动活泼，此前这种基座除青州地区外，别的地区极为少见。目前发现的这种一佛二菩萨背屏式造像，二胁侍的基座经历了由仅为一仰莲，发展到龙头托莲，再到龙身全现、但龙较小的发展演变过程。

公元 1 世纪前后，佛教传入中国内地，南北朝时期获得进一步发展。与之伴随的佛教造像艺术也迎来重要发展时期，造像中的中国化元素逐渐增多，源自域外的佛教造像艺术被不断吸收、融汇到中国古代雕塑艺术中，创造出具有中国民族风格的 "秀骨清像"，瘦削的身躯、不可言说的微笑、褒衣博带式袈裟均反映了当时人们的时代审美思想，佛教本土化的变革自此开始。

彩绘贴金石雕佛菩萨像

北魏晚期—东魏
一级文物
高 73 厘米，宽 48 厘米
陕西西安"12.25"跨省盗窃、倒卖文物案追缴

此像以一主尊、两胁侍菩萨的一铺三身组合为主，背屏顶部是宝塔，两侧伎乐飞天。主尊为彩绘佛坐像，头缺失，头后莲花式头光，双手结禅定印，结跏趺坐于宝座上，袈裟垂于座前。一胁侍菩萨头戴宝冠，长眉细眼，双肩之上为圆形发卡装饰。下着长裙，裙结系于腰部，裙摆重叠。

这类带有背屏的一佛二菩萨造像样式是青州地区北魏晚期到东魏时期的主要造像风格：舟形背屏高大，背屏顶部是宝塔或龙，两侧有飞天环绕；主尊多为彩绘佛立像，穿褒衣博带式袈裟，跣足立于莲座上，左右胁侍菩萨立于莲叶托起的莲座上。

贴金石雕佛头像

北齐（公元 550 年—577 年）
二级文物
高 20.5 厘米，宽 11.5 厘米
陕西西安"12.25"跨省盗窃、倒卖文物案追缴

　　此佛像头部肉髻较低，表面饰螺纹。前额宽大，眉骨高显，
双眼微睁下视，鼻梁瘦削高直，嘴角内收，整体贴金。佛像面
带微笑，表情沉静。北齐时期，佛像面部多具有丰满、浑圆的
特征。

石雕菩萨头像

北齐（公元 550 年—577 年）
二级文物
高 23 厘米，宽 15 厘米
陕西西安"12.25"跨省盗窃、倒卖文物案追缴

　　此菩萨头戴宝冠，残，黑发在额前呈花瓣状。面相丰满、长眉细眼，双眼微睁，嘴角上翘，呈微笑状，表情宁静祥和。

石雕佛头像

北齐（公元 550 年—577 年）

三级文物

高 13 厘米，宽 7.5 厘米

陕西西安"12.25"跨省盗窃、倒卖文物案追缴

　　此佛像头部高肉髻，表面饰波浪纹。面相长圆，低眉下视，嘴角内敛上翘呈微笑状。

石雕菩萨头像

北齐（公元 550 年—577 年）
三级文物
高 10 厘米，宽 9.2 厘米
陕西西安"12.25"跨省盗窃、倒卖文物案追缴

　　此菩萨头戴宝冠，面相圆润，弯眉，凤眼半睁，嘴角上翘，
呈微笑状。

石雕菩萨头像

北齐—隋（公元 550 年—618 年）

三级文物

高 26 厘米，宽 29 厘米

陕西西安 "12.25" 跨省盗窃、倒卖文物案追缴

　　此菩萨头戴宝冠，面相丰满，眉目清秀，嘴角含笑。菩萨
面部雕刻细致，表情沉静安详。头后莲花项光。

石雕菩萨头像

北齐（公元 550 年—577 年）

三级文物

高 9.5 厘米，宽 4.5 厘米

陕西西安"12.25"跨省盗窃、倒卖文物案追缴

此菩萨头戴宝冠，黑发在额前呈花瓣状。长眉，双目微睁，
嘴角上翘，露出微笑，表情亲切自然。

【青海"3.15"盗掘古文化遗址古墓葬案】

2017年底，青海省公安机关获悉线索：海西州都兰县出土文物可能将在青海省境内被倒卖。青海省公安机关立即开展案件侦办工作，经循线追踪，发现该案可能涉及全国重点文物保护单位热水墓群。鉴于案情重大，青海省公安厅抽调精干警力成立专案组，全力开展侦查工作。公安部挂牌督办、国家文物局督查，专案组经过3个月的全面侦查、持续追踪，成功破获该案，抓获26名犯罪嫌疑人，被盗646件文物被全部追回。其中，一级文物16件、二级文物77件、三级文物132件，均出自全国重点文物保护单位热水墓群中的血渭一号大墓东侧一平台处的一座古墓。

都兰热水墓群位于都兰县察汗乌苏镇东南约10公里的热水沟，是吐蕃统治时期吐谷浑邦国最重要的一处文化遗存，其中热水一号大墓（又名血渭一号大墓）被评为"1996年全国十大考古新发现"之一，是第四批全国重点文物保护单位。青海"3.15"盗掘古文化遗址古墓葬案追缴的金银器等文物，为研究唐代吐蕃的社会生活和当时的历史状况提供了珍贵的实物资料，生动反映了吐蕃与唐代中原地区以及周边各国之间的文化交流与互动。

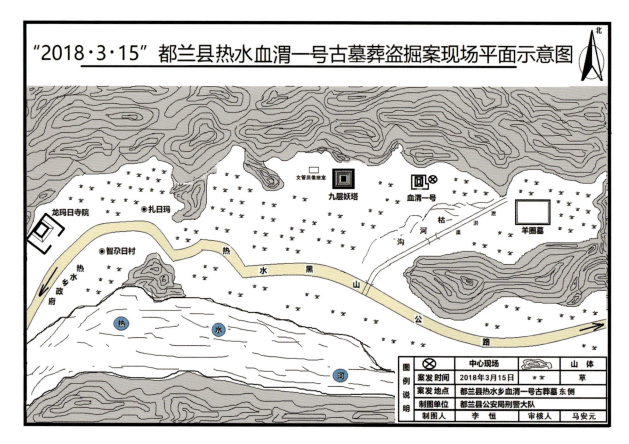

检察机关提前介入，监督、引导案件侦办过程

犯罪嫌疑人指认现场

人物纹贴金锡盘

唐·吐蕃（公元7—9世纪）
一级文物
残半径 24.8 厘米
青海 "3.15" 盗掘古文化遗址古墓葬案追缴

　　此锡盘受损严重，残存 1/4。原为圆形，通体贴金，浅腹平底。中心为花草团窠人物，头戴花冠。四周环绕宴饮人物，或坐于毯上，或立于帐旁，或相拥伴侣。外围有胡人牵马、奔马骑射图案，间杂以山石、花草、飞鸟、奔狮等。盘缘饰三角形花瓣。

　　吐蕃王朝兴起和建立于青藏高原，历史上曾是一个称雄于亚洲腹地的强大帝国。随着与中原地区及周边各国文化交流的不断增进，其经济文化发展逐步达到相当水平。金属制作工艺是吐蕃王国一个重要的手工业门类，吐蕃金银器种类繁多、制作精美，涉及社会生活的各个方面，并经常作为向唐朝纳贡的礼品见诸史料记载。

卷草纹贴金铜盘

唐·吐蕃（公元 7—9 世纪）
一级文物
直径 31.2 厘米
青海"3.15"盗掘古文化遗址古墓葬案追缴

　　此盘圆形，浅圈底。器身有明显裂缝，通身有锈，盘中心图案因锈蚀已漫漶不清，周围装饰以两重卷草纹，盘缘饰垂帐式连续图案，外沿下部饰以三角形连续图案。盘中的图案部分均加以贴金。

　　卷草纹是中国传统装饰纹样，最早可追溯至汉代。到了唐代，卷草纹尤为流行，其花朵繁复华丽，变化多样，层次丰富，叶片曲卷，富有动感；而垂帐式图样可能取材于西北草原民族帐篷中的元素。

人物纹鎏金银盘

唐·吐蕃（公元 7—9 世纪）
一级文物
直径 43.8 厘米
青海 "3.15" 盗掘古文化遗址古墓葬案追缴

此盘圆形，有明显压折，宽缘，浅腹，平底。底部原有圈足，已佚。银盘通体锈蚀，鎏金部分多已脱落。主体纹饰为三个人物图像，均高鼻深目，头发卷曲，身着披帛。左侧一男子体格健壮，腰带佩剑，右手拉扯中间一位女性的右手，右侧

为一老者，俯身弯曲，左手扶一三叉器物。人物身后还有一株葡萄藤蔓。唐代虽流行葡萄纹饰，但多作为器物的装饰底纹或缠枝纹，如海兽葡萄纹或缠枝葡萄纹等。此盘应是一件舶来品。

金胡瓶（一组 4 件）

唐·吐蕃（公元 7—9 世纪）
一级文物
高 17.3 厘米，口径 6.5 厘米，腹径 6.8 厘米，底径 3.5 厘米
高 18.5 厘米，口径 6.6 厘米，腹径 7.1 厘米，底径 3.7 厘米
高 19.5 厘米，口径 7.1 厘米，腹径 7.6 厘米，底径 4.2 厘米
高 19.7 厘米，口径 7.2 厘米，腹径 7.8 厘米，底径 4.1 厘米
青海"3.15"盗掘古文化遗址古墓葬案追缴

　　此套胡瓶器身大小依次递减，皆素面，侈口，细长颈，鼓腹，矮圈足。器身为捶揲而成，颈腹部和圈足有套焊痕迹。

　　捶揲法，是传统金属加工的主要工艺之一，最早出现在公元前 2000 多年的西亚、中东地区。捶揲即锻造、打制，利用金银质地比较柔软、延展性强的特点，对金属坯料施加压力，反复捶打、敲击，使其产生变形以获得所需造型。用捶揲法制造的器物比铸造器物耗用材料少，也不需要多人分工合作，在金银器制作中极为盛行。唐代金银器皿中碗、盘、碟、杯等大多采用捶揲技术制成。

团窠纹贴金锡瓶

唐·吐蕃（公元 7—9 世纪）
一级文物
高 15.8 厘米，口径 8.9 厘米，腹径 9.8 厘米，底径 6.4 厘米
青海 "3.15" 盗掘古文化遗址古墓葬案追缴

　　此瓶整体铸造而成，侈口，细颈，圆鼓腹，平底。器身表面贴金，现多已脱落。腹部有 4 个花形团窠，内饰鸟形，鸟翅上饰联珠纹。这种身饰联珠纹的立鸟形象常出现在都兰吐蕃墓出土的丝绸图案上，学者指出这种立鸟和我国旧有的鸾鸟和朱鸟纹不同，带有萨珊式立鸟纹的特征，而联珠纹尤其是联珠圈纹亦是萨珊波斯人喜爱的花纹，常被应用于宫殿建筑的浮雕上。

带把金杯

唐·吐蕃（公元7—9世纪）
一级文物
高4.3厘米，口径9.2厘米，底径4.9厘米
青海"3.15"盗掘古文化遗址古墓葬案追缴

　　此杯胎体厚重，器表光素无纹饰，平鋬上有简单的卷草纹。敞口，腹部有折棱一周。器身布满捶揲痕迹。鋬指和圈足焊接而成，平鋬方便使用者拇指按压从而调节杯子的角度。

　　带把杯，有学者称为"鋬指杯"，出现在7世纪到9世纪初的粟特地区，杯体有八棱状、圆筒状和圜底碗状，绝大部分杯体下部有横向内折痕。发掘出土和世界各博物馆收藏的唐代带把杯共30余件，造型与粟特式带把杯基本相同。

动物纹带把锡杯

唐·吐蕃（公元 7—9 世纪）
一级文物
高 3.8 厘米，口径 12.3 厘米，底径 5.3 厘米
青海"3.15"盗掘古文化遗址古墓葬案追缴

　　此杯形体低矮，敞口，浅腹，圈足，一侧有横平的指錾，上饰卷草纹，下部为指环。錾指和圈足系焊接而成，有绿色铜锈痕迹。外侧近口沿部饰联珠纹扉棱一周。腹部有两组带角的对羊回望身后，中间间隔卷草花枝。这件錾指杯器型特别，是吐蕃时期典型器物的代表之一，无论从形制还是纹饰，均明显受到外来的影响。

玛瑙长杯

唐·吐蕃（公元 7—9 世纪）
一级文物
高 11.9 厘米，口径 26.8 厘米
青海 "3.15" 盗掘古文化遗址古墓葬案追缴

　　此杯由整块酱黄色玛瑙制成，器壁厚重，琢磨光滑，通体呈玻璃光泽。杯口呈椭圆形，中间内凹，两端微翘，圜底，有十二个曲瓣，杯内有弧形突棱。

　　这种长椭圆形多曲瓣状的杯流行于 3 至 8 世纪伊朗高原地区萨珊王朝统治时期，是其具有代表性的器皿之一，被称为萨珊式多曲长杯。北魏时传入中国，并对唐朝金银器的制作产生影响。唐代工匠通过模仿和改造，使其曲瓣减少，不明显凸鼓，兼具艺术性与实用性，反映了外来文化在中国的融合过程。

金盅座

唐·吐蕃（公元 7—9 世纪）
一级文物
高 6.3 厘米，底径 9.8 厘米
青海"3.15"盗掘古文化遗址古墓葬案追缴

此件器物由两件套合而成，变形较为严重。中间部分呈圆形，顶部凸起，底部开口，外壁饰以卷草纹、鱼子为地。外围部分上端为连续的缠枝花纹，镂空錾刻，中部为一周动物纹饰，或奔跑，或相向而对，底端为一圈粗大的联珠纹。器物的用途不明，或为器具装饰。工艺精细复杂，纹饰活泼生动，是一件难得的艺术珍品。

骑射形金饰片

唐·吐蕃（公元 7—9 世纪）
一级文物
高 8.5 厘米，长 13.5 厘米
青海"3.15"盗掘古文化遗址古墓葬案追缴

此饰片整体轻薄，周缘有钉孔。武士形象威武，策马飞奔，满弓拉弦。头戴山形冠饰，两根辫子垂于脑后，八字须，大耳坠，着窄袖对襟翻领联珠纹图案服饰，革带上佩戴箭箙佩剑，脚着皮靴，马鞍、马镫等马具刻画清晰。

狩猎图案作为装饰艺术题材非常流行，狩猎自原始社会起就是人们一项重要的生产生活活动，随着人类文明与经济的发展，其生产角色不断削弱，军事、政治、娱乐色彩逐渐增强。这件器物不仅形象地反映了狩猎生活，更为我们了解古人的思想意识、审美情趣以及服饰、武备等内容提供了可靠的实物资料。

人物形金饰片

唐·吐蕃（公元 7—9 世纪）
二级文物
高 6.7 厘米，宽 4.5 厘米
青海 "3.15" 盗掘古文化遗址古墓葬案追缴

这件饰片整体轻薄，顶端和底端有钉孔。饰片上的人物盘腿端坐于带腿低矮的榻上，束发带冠，身着三角形翻领袍服，衣领上装饰花纹，左窄袖，右长袖，披有云肩。左手扣于革带之上，赤足，脚趾表现清晰。榻上饰以三角相对花草纹饰，鱼子为地。

这类饰片一般用于服饰或马具上。三角形衣领是中亚和西部草原游牧民族服饰的标志性特征。整件饰片虽小，但生动反映出贵族日常生活的形象以及中外文化间的交流互动。

此饰片整体轻薄，花纹錾刻而成。整体呈长条形，前宽后窄，周缘有钉孔。前端为人物形象，束发额带，后飘绶带，着翻领袍服，左持来通，右抓羽尾，身带双翼，下为鸟足，身后为回旋鱼身鱼尾，有鱼鳞纹饰，镂空处原镶嵌有宝石，已脱落。

人身鱼尾形金饰片

唐·吐蕃（公元 7—9 世纪）
一级文物
高 4.5 厘米，长 19 厘米
青海"3.15"盗掘古文化遗址古墓葬案追缴

器物可能属于剑鞘的装饰。

人身鱼尾的形象比较罕见，富有神话宗教内涵，具有特殊的研究价值。

长鼻大眼，张嘴长牙，一足抬起，作行走状。背上覆一圆毯，
中心呈花瓣三角星芒状。象身周围环绕以不规则的卷草纹样。

象纹金饰片

唐·吐蕃（公元7—9世纪）

一级文物

长9厘米，宽8.5厘米

青海"3.15"盗掘古文化遗址古墓葬案追缴

　　此饰片整体轻薄，方形边框，边缘有钉孔。正中饰一象，
长鼻大眼，张嘴长牙，一足抬起，作行走状。背上覆一圆毯，
中心呈花瓣三角星芒状。象身周围环绕以不规则的卷草纹样。

奔鹿纹金饰片

唐·吐蕃（公元 7—9 世纪）
二级文物
高 9.2 厘米，长 13 厘米
青海"3.15"盗掘古文化遗址古墓葬案追缴

　　此饰片整体轻薄，花纹錾刻而成，周缘有钉孔。鹿的形象雄壮，肌肉突出，策蹄飞奔，枝角硕大，毛发用短线连续錾刻，腹部鱼子为地。器物或与骑射形金饰片配合成组，反映出古人超强的观察力和表现力。

　　鹿作为一种人类畜养历史相当悠久的动物，在中国古代北方草原民族的生活中占有重要地位。新疆北部地区的自然气候适宜鹿科动物生长，自古就生存着大量鹿科动物，北疆阿尔泰布尔津等地区的居民至今仍以饲养马鹿为生。从实用功能来说，鹿肉可以食用，鹿角、鹿骨可以制器，鹿皮可以制衣，鹿胶可以制弓，鹿茸、鹿血、鹿鞭具有药用功能，也正因如此，对于北方草原民族而言，鹿具有神秘的图腾崇拜意味，所以很多金银饰品上经常出现鹿纹。

呈三角形，花枝对波状，花叶舒展卷曲，设计变化优美，线条
简洁大气，富有很强的装饰色彩。

花草纹金饰片（一组 2 件）

唐·吐蕃（公元 7—9 世纪）

三级文物

高 7 厘米，宽 7 厘米

青海 "3.15" 盗掘古文化遗址古墓葬案追缴

　　此饰片质地轻薄，花纹錾刻镂空而成，周缘有钉孔。整体

金覆面

唐·吐蕃（公元 7—9 世纪）
二级文物
青海"3.15"盗掘古文化遗址古墓葬案追缴

　　覆面是葬礼中覆盖在死者面部的遮盖物。此组覆面由眉毛、鼻、眼、嘴组成，一眼缺失。眉毛弯曲上扬，鼻梁挺直，鼻翼凸出，眼睛弯挑，嘴唇闭合。每件五官部分均施以方格镶嵌绿松石，大部分已脱落。

　　覆面的历史在中国可以追溯至先秦时代，但中原地区汉人多用玉石覆面，以金银等贵金属覆面主要出现在中国西北部，

新疆地区是汉晋至隋唐时期在墓葬中使用金银覆面最多的地区，这应与粟特和波斯人的习俗有密切的关系，并影响了西北广大少数民族地区。宋人文惟简曾记载契丹人的葬俗："富贵之家有人亡者，以刀剖腹取其胃肠涤之，贯以香药、盐、矾，五彩缝之。又以尖苇筒刺于皮肤，沥其膏血且尽，用金银为面具，铜丝络其手足。"

纹样为一只站立的大鸟,大眼扁嘴,足趾强壮,身躯硕大,羽
毛丰满,长尾拖地。

鸟形银牌饰(一组 2 件)

唐·吐蕃(公元 7—9 世纪)
二级文物
高 4.6 厘米,宽 4.6 厘米
青海"3.15"盗掘古文化遗址古墓葬案追缴

　　此对银牌饰由捶揲而成。四边饰一周较大的联珠纹,主体
纹样为一只站立的大鸟,大眼扁嘴,足趾强壮,身躯硕大,羽
毛丰满,长尾拖地。

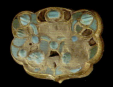

金带具（14 件）

唐·吐蕃（公元 7—9 世纪）

二级文物

带首：长 8.4 厘米，宽 4.8 厘米，厚 1 厘米

带尾：长 5.9 厘米，宽 3.4 厘米，厚 0.8 厘米

圆形带銙：直径 2.5 厘米，厚 0.8 厘米

方形带銙：长 3.4 厘米，宽 3 厘米，厚 0.7 厘米

桃形带銙：长 3.8 厘米，宽 3 厘米，厚 0.8 厘米

青海"3.15"盗掘古文化遗址古墓葬案追缴

　　此带具由带扣、带銙、铊尾三部分组成。带扣用以系结腰带。铊尾是腰带末端的包头，用以保护带头不被磨损，多呈圭形。带銙是腰带上的装饰物，也是表示身份等级的标志。此金带具纹饰装饰特点基本相同，用金片组成形状各异的框体，镶嵌大量绿松石，背部用金板和铆钉加以封固。装饰纹饰有花草形和相背对鸟形，松石经过精心打磨和雕刻。带銙形制多样，有方形和多曲形，均带古眼。带饰中残留有皮带。

镶水晶带饰：长 4.7 厘米，宽 3.4 厘米

水晶：直径 2.1 厘米

金带饰（7 件）

唐·吐蕃（公元 7—9 世纪）

二级文物

镶水晶带饰：长 4.7 厘米，宽 3.4 厘米

水晶：直径 2.1 厘米

青海"3.15"盗掘古文化遗址古墓葬案追缴

此带饰加工成多曲花瓣形，中间留圆形凹坑，四边焊接卡扣，镶嵌水晶。水晶晶莹透亮，打磨痕迹明显，底部平整，上部凸起，加工规整，尺寸统一。

金带銙（一组 4 件）

唐·吐蕃（公元 7—9 世纪）

三级文物

长 4.5 厘米，宽 3.6 厘米

青海 "3.15" 盗掘古文化遗址古墓葬案追缴

　　此带銙用金片捶揲而成。边缘和中心采用花草纹样捶揲出多曲式样，纹样凸起，空白位置预留孔眼镶嵌宝石，目前已全部脱落。古眼横平，背部四角保留有焊接的金钉，无残留物。带銙复杂的装饰风格尽显吐蕃独特的审美意趣。

　　带銙是腰带上的装饰物。早期的革带没有装饰，魏晋以后，用玉或金、银、铜等贵金属制成装饰品镶嵌于革带之上成为一种时尚。这些腰间的装饰成了当时社会用来区别身份地位的标志，称作带銙（也叫带板）。从唐代开始，带銙的使用制度形成书面文字被规定下来。《新唐书·车服志》对官员带銙质地和数目都有明确的规定："以紫为三品之服，金玉带銙十三；绯为四品之服，金带銙十一；浅绯为五品之服，金带銙十；深绿为六品之服，浅绿为七品之服，皆银带銙九；深青为八品之服，浅青为九品之服，皆鍮石带銙八；黄为流外官及庶人之服，铜铁带銙七。"

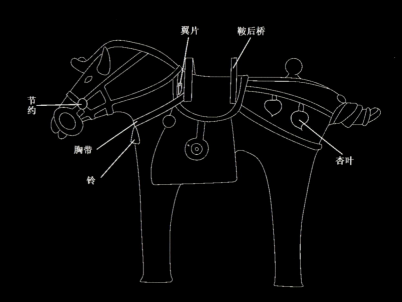

金鞍桥饰（3件）

唐·吐蕃（公元7—9世纪）

一级文物

金鞍后桥片：长55厘米，宽10厘米

金鞍翼片：长17厘米，宽4.8厘米

长16.7厘米，宽4.8厘米

青海"3.15"盗掘古文化遗址古墓葬案追缴

这组马鞍饰片由后桥片和两侧侧护翼片组成，边缘有钉孔孔眼。后桥主题纹样以中心花两侧对称展开双狮和双马，边缘饰以卷草和云纹。双狮奔跑，张嘴吐舌。双马蹄足飞扬，头部羚羊弯角上饰月形冠顶，鬃毛飘动，翼翅花草上展出三根长羽，后腿腋下生出卷草，狮尾。翼片上主体纹样为奔跑的长角山羊。

马鞍饰片整体风格动感十足。吐蕃作为雄踞中亚的强大帝国，以军事征服和游牧经济为其主要特征。马是吐蕃民族征战游牧的重要工具之一，吐蕃人不仅生前乘骑良马，死后也流行以良马或者马具随葬入墓的习俗。这组金马饰对认识和研究吐蕃时期的马具与马饰提供了十分难得的实物依据。

卷草纹金节约（一组 2 件）

唐·吐蕃（公元 7—9 世纪）
二级文物
长 9.5 厘米，宽 4.9 厘米
青海"3.15"盗掘古文化遗址古墓葬案追缴

　　节约为马具面颊上连接络头皮带的部件。有三个方向可以
活动的扣结，扣结通体饰以缠枝花草，各嵌有 8 颗绿松石，部
分已脱落。整体造型精巧细致。

金杏叶（一组 4 件）

唐·吐蕃（公元 7—9 世纪）

二级文物

长 7.3 厘米，宽 5.1 厘米

青海"3.15"盗掘古文化遗址古墓葬案追缴

杏叶是马具上挂在鞦和攀胸等带子上的装饰性物件，可随马身体的晃动而摇曳。此四片杏叶造型对称统一，呈叶片形，上部有系孔，叶片中间饰以石榴花纹。

二级文物
高 2 厘米，直径 3 厘米
青海"3.15"盗掘古文化遗址古墓葬案追缴

此金铃为圆球形，表面捶揲有三层卷草浮雕纹饰，环绕球
体镶嵌四颗绿松石，上下各有两孔，便于穿线固定于攀胸；铃
内有一圆石，随着马的跑动可发出叮当悦耳之声。

金铃

唐·吐蕃（公元 7—9 世纪）
二级文物
高 2 厘米，直径 3 厘米
青海"3.15"盗掘古文化遗址古墓葬案追缴

此金铃为圆球形，表面捶揲有三层卷草浮雕纹饰，环绕球
体镶嵌四颗绿松石，上下各有两孔，便于穿线固定于攀胸；铃
内有一圆石，随着马的跑动可发出叮当悦耳之声。

高 2.1 厘米，底径 1.9 厘米

高 2.1 厘米，底径 2.1 厘米

上部管状，下部呈四片花瓣状。

金缨坠（一组 2 件）

唐·吐蕃（公元 7—9 世纪）

三级文物

高 2.1 厘米，底径 1.9 厘米

高 2.1 厘米，底径 2.1 厘米

青海 "3.15" 盗掘古文化遗址古墓葬案追缴

　　这是系于马具带上的坠饰，上部管状，下部呈四片花瓣状。器身錾刻以细密的鱼子地，其上饰以宽厚的卷草纹样，风格小巧别致。

【陕西凤翔"1.16"系列盗掘古文化遗址、古墓葬案】

2017年1月16日，陕西省宝鸡市凤翔县城关镇高王寺村二组曹某报案称：其家麦田中有人盗墓。接警后，宝鸡市、凤翔县两级公安机关高度重视，立即派出侦查和技术人员对案发现场及周边进行现场勘查和调查走访，在国家级重点文物保护单位秦雍城遗址内发现多处盗洞。公安机关立即抽调140余名精干警力成立专案组，经过3个多月的缜密侦查，一举打掉陕豫纠合的盗墓团伙7个，破获文物案件69起，抓获犯罪嫌疑人46名，追缴涉案文物191件，其中一级文物3件、三级文物11件。

作案现场

犯罪嫌疑人指认现场

传五代顾闳中《韩熙载夜宴图》局部

白釉带温碗酒注

宋（公元 960 年—1279 年）

一级文物

通高 22.5 厘米

陕西凤翔 "1.16" 系列盗掘古文化遗址、古墓葬案追缴

　　这是一组盛酒、温酒的用具。注子带蹲狮形盖，鼓腹呈瓜棱形，弓形柄，短流，流口与注口基本相平。温碗花口，腹部刻瓜棱纹，带镂空高圈足，碗底有墨书"李"字及花押各一，此器或为窑主为李姓人家定制的，或是李氏窑主为标榜自己的产品而刻上的标记。

　　注子的使用始于晚唐，五代时盛行与温碗配套使用，即饮酒前将注子置于温碗中，温碗内盛热水用以温酒。宋代注子更为流行，多以金属、陶瓷制成，莲瓣形、瓜棱形器身比较常见。多有盖，盖钮形式变化多样，有狮形钮、象形钮等。宋墓出土实物中常见配套的注子、温碗。如 1964 年江西南城宋墓、1977 年浙江海宁县东山宋墓、1978 年江苏镇江谏壁北宋墓、1981 年江西婺源县宋墓、1983 年江西铅山县莲花山宋墓、

1984 年安徽繁昌县老坝冲宋墓均出土了瓷制温碗酒注；另外，1993 年四川彭州宋代金银器窖藏出土了两副银温碗酒注，其中一件带莲盖六曲温碗底部有铭文"注子一付"，即《东京梦华录》所谓"注碗一副"，都证明注子、温碗是配套使用的。因为配套使用，故二者在器形上是协调一致的，即瓜棱形注子必配以瓜棱形温碗。

　　定窑是宋代五大名窑之一，窑址位于今河北省曲阳县，宋代属定州，故名定窑。定窑烧瓷始于唐代，宋金时代繁荣昌盛，是北方地区声誉最高、影响最大的窑场，其产品除大量行销民间外，还是宫廷和官府用瓷的主要来源之一。元末以后逐渐停烧。瓷器以乳白、牙白的釉色及精美的装饰驰名于世。宋太白老人《袖中锦》一书曾将定窑产品列入"天下第一"项内。

白釉带托盏（一组 2 件）

宋（公元 960 年—1279 年）

三级文物

通高 12.5 厘米

通高 10 厘米

陕西凤翔"1.16"系列盗掘古文化遗址、古墓葬案追缴

整器由盏及六瓣花纹高台形盏托组成，盏托足部装饰有四个海棠形镂孔，为宋金定窑系白瓷产品。宋金时期，定窑产量巨大，影响深远，远近瓷窑竞相仿效，形成庞大的瓷窑体系。考古发掘资料证明，今河北临城、井陉，河南鹤壁，山西平定、介休、霍县、阳城、盂县，四川彭县，江西景德镇、吉州等地均曾烧造过与定窑瓷器风格相似的瓷器。

定瓷有刻花、划花、印花、剔绘花及浮雕等装饰方法，纹饰图案布局严谨，层次分明，线条清晰，繁密有致，多取材于当时的缂丝、金银器上的图案。常见纹饰有水波、游鱼、走兽、飞禽、婴儿、花卉等，其中以花卉最为常见，如有牡丹、菊花、莲花等。鸟类则有凤凰、孔雀、鸳鸯、卢雁、野鸭等，多与花卉组合一起。此外还有云龙纹、狮球纹等。

白釉花口盏、盘（一组 2 件）

宋（公元 960 年—1279 年）

三级文物

通高 10 厘米

陕西凤翔"1.16"系列盗掘古文化遗址、古墓葬案追缴

青釉刻花萱草纹玉壶春瓶

南宋（公元 1127 年—1279 年）
三级文物
通高 17 厘米
陕西凤翔"1.16"系列盗掘古文化遗址、古墓葬案追缴

此瓶口部外撇平展，束颈，垂腹，颈、腹间过渡圆滑流畅，低圈足，器形稳重。釉色莹润透明，刻萱草纹图案，笔法简洁。

玉壶春瓶，也叫玉壶春壶，其形制可能因古时某种名为"玉壶春"酒的酒瓶形状而得名。其外观样式经过长期发展，定型于宋代，在当时成为流行的酒瓶器。南宋后期，玉壶春瓶逐渐脱离实用器向陈设器转变，成为中国瓷器造型的典型器物。北宋玉壶春瓶形制一直延续到元代，多见于南方窑口，并衍生出刻花或彩绘装饰。

黑釉双系罐

元—明（公元 1271 年—1644 年）
一般文物
通高 18 厘米
陕西凤翔"1.16"系列盗掘古文化遗址、古墓葬案追缴

此罐短直颈口，溜肩，圆腹，平底。肩部对称置半环形系。罐身施黑褐釉至近足部。

黑色釉和深褐色釉的瓷器同属于黑瓷器类，是中国传统的釉色瓷之一。工艺成熟的黑瓷器在东汉中晚期开始出现，在青瓷器制造的基础上发展起来。青瓷器与黑瓷器都是在瓷胎上施石灰釉，石灰釉中的铁元素是主要的呈色剂，铁元素含量越高，烧成后釉色越黑。常见装饰除纯黑釉色外，也包含油滴、兔毫等结晶釉、褐彩、鹧鸪斑等彩绘以及玳瑁、剪纸贴花等复色釉。

司法惩治

为保护国家文物安全，全国各级人民法院、人民检察院依法办理各类涉文物案件，严惩文物犯罪，强化文物执法和刑事司法衔接，加强以案释法，促进提升全社会文物保护意识，推动健全预防惩治文物违法犯罪的长效机制。

2013 年至 2017 年，全国各级人民检察院共批准逮捕文物犯罪嫌疑人 4248 人，起诉 6317 人，提出刑事抗诉 84 件，向有关部门提出检察建议 146 件。全国各级人民法院共受理涉文物犯罪案件 2217 件，审结 2197 件，其中判处 5 年有期徒刑以上刑罚的约占 21.71%，判处 3 年以上不满 5 年有期徒刑的约占 11.35%。依法起诉和审判了辽宁朝阳"11.26"特大盗掘古文化遗址古墓葬、四川眉山"5.1"特大盗掘倒卖文物、河南安阳"8.25"系列盗掘殷墟古文化遗址案等一批重特大文物犯罪案件，有力维护了国家文物安全。

【辽宁朝阳"11.26"特大盗掘古文化遗址古墓葬案】

姚某某系辽宁朝阳系列盗掘古文化遗址古墓葬案的主犯之一，号称盗墓界"祖师爷""关外第一高手"，到案后拒不供认犯罪事实，态度狂妄，给案件办理带来很大挑战。

案发后，辽宁省朝阳市人民检察院第一时间成立专案组，提前介入侦查，依法引导取证。历时1年，先后审查刑事卷宗35册，制作审查报告180余页13万余字，提出100余条补充侦查意见，并对姚某某等被告人提起公诉。朝阳市中级人民法院前后两次开庭，历时近5个月。面对涉案人员众多、关系复杂、涉案物证庞杂等情况，审判人员精心进行庭前准备，确定庭审提纲，充分听取控辩双方意见，审慎采纳文物鉴定意见，严格依法审判。庭审现场，主犯姚某某拒不供述，刘某、倪某、董某三名被告人当庭翻供，朝阳市人民检察院公诉人通过精心讯问、对质和开展被告人教育，促使被告人当庭认罪。最终，223人获刑事处罚，主犯姚某某以抢劫罪，盗掘古文化遗址、墓葬罪和倒卖文物罪，数罪并罚，被判处死刑，缓期两年执行，剥夺政治权利终身，并处没收个人全部财产；8人被判处无期徒刑，69人被判处10年以上有期徒刑，56人被判处10年以下有期徒刑。

主犯姚某某被押上庭

庭审现场

公诉人向法庭示证

公开宣判

【四川眉山"5.01"特大盗掘倒卖文物案】

自 2005 年起，"张献忠江口沉银"的传说开始被证实，并在当地掀起了"万人淘宝热"，"法不责众"一时成为诸多被告人及辩护人的辩解事由，如何准确定罪量刑成为该案的办案核心。彭山区人民检察院多次与公安机关、人民法院召开联席会议，充分了解案情，强化侦查监督，确定了惩教并重、宽严相济的办案思路，将打击重点确定为组织、参与盗掘的首要分子，依法对 56 人提起公诉。在宽严相济刑事政策的感召下，20 名犯罪嫌疑人投案自首，并积极提供文物倒卖线索，大量涉案文物得以被找回。彭山区人民法院在对法律适用做了充分论证和研究的基础上，对首要分子王某、梁某某均判处有期徒刑 10 年，并分别处以罚金人民币 40 万元和 20 万元；对主要倒卖犯罪分子袁某某判处有期徒刑 5 年，并处罚金人民币 100 万元；对 11 名主要犯罪分子分别判处 3 年至 10 年不等有期徒刑，对参与程度较低、犯罪情节轻微的 39 人判处缓刑，利用社区矫正帮助他们认识错误、回归生活。

彭山区人民检察院专案组进行案件研讨

彭山区人民检察院公诉人庭审指控现场

庭审现场

公开宣判

【明十三陵思陵石五供烛台被盗案】

　　2016 年 4 月，被告人黄某某、齐某某等人盗窃明十三陵思陵石五供烛台案移送检察机关后，北京市昌平区人民检察院积极履行法律监督职能，要求公安机关追捕同案犯郑某某，补充移送审查起诉同案犯涉嫌的犯罪事实。2017年 12 月，昌平区人民检察院对 7 名被告人提起公诉。昌平区人民法院经开庭审理，对公诉机关指控的 12 起事实逐一审查证据，根据各被告人在共同犯罪中的地位和作用，以盗窃罪对主犯齐某某等 4 名被告人分别判处 10 年至 12 年不等有期徒刑，以倒卖文物罪和掩饰、隐瞒犯罪所得罪对参与倒卖、转移赃物的 3 名被告人分别判处 4 年至 8 年不等有期徒刑。因主犯黄某某在审理期间死亡，依法对其裁定终止审理。宣判后，各被告人均服判，未上诉。

昌平区人民检察院公诉人宣读起诉书

庭审现场

宣判现场

【河南安阳"8.25"系列盗掘殷墟古文化遗址案】

河南安阳系列盗掘殷墟古文化遗址案是以民房、耕地等为掩护，盗挖全国重点文物保护单位殷墟遗址的恶性犯罪案件，涉及多个盗掘犯罪团伙。案发后，安阳市殷都区人民检察院与公安机关密切沟通，提前介入，引导取证，依法对宋某、王某某批准逮捕、提起公诉，并对加强文物保护提出检察建议。案件审理期间，部分被告人否认犯罪，多数被告人自称从犯，部分犯罪嫌疑人在逃，给准确判断各被告人在犯罪中的地位和作用带来一定难度。安阳市殷都区人民法院秉持证据裁判原则，依法认定各被告人在盗掘犯罪中的地位、作用。利用网络技术和现场公判相结合，实现"两个公开"：一是庭审全程公开直播，公众可随时登录人民法院网复看；二是在安阳市商魂广场进行公开宣判，对本案主犯被告人宋某、王某某分别判处有期徒刑 14 年 6 个月和有期徒刑 14 年，并各处罚金人民币 20 万元。

公开宣判

【山西闻喜"6.03"系列盗掘古墓葬案】

山西闻喜系列盗掘古墓葬案是一起与盗掘古墓葬案相关联的涉黑案件，最高人民检察院和公安部联合挂牌督办。该案犯罪组织结构松散、隐蔽性强，犯罪嫌疑人反侦查能力强，案件侦办难度极大。检察机关提前介入案件，引导公安机关确定侦查方向，并补查卷宗84册，审查案卷212册，形成60余万字的审查报告，构建了完整的证明体系，确定该案是以血缘关系为基础，以家族势力为支撑，从事毒品、赌博等非法活动，形成稳定盗掘古墓葬犯罪集团的黑社会性质组织犯罪，为案件的依法公正审理奠定了坚定的事实基础。本案吸引了包括人大代表、政协委员和媒体在内的社会各界群众近千人次到场旁听，运城中院坚持"以审判为中心"，精心组织庭审，切实保障诉讼各方权利，依法对以"侯氏三兄弟"为首的9名主犯分别判处1人死缓，4人无期徒刑，4人4年至20年不等有期徒刑，该案上诉后山西高院二审维持原判。

运城市人民检察院专案组审查案卷和视频材料

　　　　押解被告人到庭

山西省运城市人民检察院公诉人出庭支持公诉

庭审现场

公开宣判

文物安全工作永远是零起点，守护文明任重道远。面对新形势和新挑战，公安部、最高人民法院、最高人民检察院、国家文物局等各部门密切配合，不断完善长效工作机制，出台惩治文物犯罪相关司法解释，强化安全监管，坚持打防并重，提高科技水平，探索社会力量参与文物保护的途径，努力营造全社会共同参与文物保护的良好环境，从根源上防范文物犯罪发生。

警钟长鸣 共筑钢铁长城

法治保障

　　法者，治之端也。法治建设是文物安全的根本保障。我国已形成包括《中华人民共和国宪法》《中华人民共和国刑法》《中华人民共和国文物保护法》及《中华人民共和国文物保护法实施条例》《最高人民法院、最高人民检察院关于办理妨害文物管理等刑事案件适用法律若干问题的解释》等文物保护法律、司法解释、行政法规、地方性法规和行政规章在内的比较完备的法律体系。除了加强国内立法，我国还积极加入文化遗产保护国际公约，并先后与秘鲁等21国签订防止盗窃、盗挖和非法进出境文物的双边协定或谅解备忘录，促进文物保护领域广泛的国家交流与合作，协调国际间共同打击非法走私、盗窃文物犯罪活动。

中华人民共和国宪法

（摘 录）

一九八二年十二月四日

（中华人民共和国第五届全国人民
代表大会第五次会议通过）

第二十二条　国家发展为人民服务、为社会主义服
务的文学艺术事业、新闻广播电视事业、出版发行事
业、图书馆博物馆文化馆和其他文化事业，开展群众
性的文化活动。

国家保护名胜古迹、珍贵文物和其他重要历史
文化遗产。

《中华人民共和国宪法》中有关文物保护的条款

中华人民共和国刑法

（摘 录）

第三百二十六条　以牟利为目的，倒卖国家禁止
经营的文物，情节严重的，处五年以下有期徒刑或者
拘役，并处罚金；情节特别严重的，处五年以上十年
以下有期徒刑，并处罚金。

第三百二十八条　盗掘具有历史、艺术、科学价
值的古文化遗址、古墓葬的，处三年以上十年以下有
期徒刑，并处罚金；情节较轻的，处三年以下有期徒
刑、拘役或者管制，并处罚金；有下列情形之一的，
处十年以上有期徒刑、无期徒刑或者死刑，并处罚金
或者没收财产：

（一）盗掘确定为全国重点文物保护单位和省级
文物保护单位的古文化遗址、古墓葬的；

（二）盗掘古文化遗址、古墓葬集团的首要分子；

（三）多次盗掘古文化遗址、古墓葬的；

（四）盗掘古文化遗址、古墓葬，并盗窃珍贵文
物或者造成珍贵文物严重破坏的。

盗掘国家保护的具有科学价值的古人类化石和
古脊椎动物化石的，依照前款的规定处罚。

《中华人民共和国刑法》中有关文物保护的条款

中华人民共和国文物保护法

（摘 录）

第二条　在中华人民共和国境内，下列文物受国家保
护：

（一）具有历史、艺术、科学价值的古文化遗址、古墓
葬、古建筑、石窟寺和石刻、壁画；

（二）与重大历史事件、革命运动或者名人物有关的
以及具有重要纪念意义、教育意义或者史料价值的近代现代
重要史迹、实物、代表性建筑；

（三）历史上各时代珍贵的艺术品、工艺美术品；

（四）历史上各时代重要的文献资料以及具有历史、艺
术、科学价值的手稿和图书资料等；

（五）反映历史上各时代、各民族社会制度、社会生产、
社会生活的代表性实物。

具有科学价值的古脊椎动物化石和古人类化石
同文物一样受国家保护。

第五条　中华人民共和国境内地下、内水和领海
中遗存的一切文物，属于国家所有。

《中华人民共和国文物保护法》摘录

最高人民法院、最高人民检察院关于办理
盗窃、盗掘、非法经营和走私文物的案件
具体应用法律的若干问题的解释

（摘 录）

二　盗掘古墓葬、古文化遗址

（二）依照文物保护法第三十一条的规定，私自
挖掘古墓葬、古文化遗址的，以盗窃罪论处。处理这
类案件，不以被盗掘的古墓葬、古遗址是否已确定为
重点文物保护单位为限，但对于盗掘已被确定为重点
文物保护单位的古墓、古遗址（包括国家级、省级和
县级）的，应从重处罚。

（三）对盗掘中窃取文物和破坏文物的，均应以
盗窃罪论处，根据被盗、被毁文物所应评定的级别等
情节予以处罚。

（四）盗掘古墓、古遗址，以盗窃罪论处的案件，
在量刑幅度上，可以参照盗窃馆藏文物的量刑标准，
予以处罚。

（五）盗窃古墓葬、古遗址，虽未窃取到文物，
但情节严重的，也应以盗窃罪处罚；如在盗掘古墓
葬、古遗址时，破坏了经鉴定属于不能移动的珍贵
文物，应依法从重处罚。

《关于办理妨害文物管理等刑事案件适用法律若
干问题的解释》摘录

345

习近平主席见证中缅签署政府间防止盗窃、盗掘和非法进出境文化财产的协定

中华人民共和国政府和美利坚合众国政府

对旧石器时代到唐末的归类考古材料

以及至少250年以上的古迹雕塑

和壁上艺术实施进口限制的

谅解备忘录

中华人民共和国政府和美利坚合众国政府作为 1970 年联合国教科文组织《关于禁止和防止非法进出口文化财产和非法转让其所有权的方法的公约》的缔约国，根据该公约采取行动；为减少诱因、使代表中国丰富文化遗产的不可替代的考古材料免遭盗劫，达成协议如下：

第一条

一、美利坚合众国政府依照其题为《文化财产公约实施法》的法律，应限制以下考古材料进口到美国：原产于中国和代表中国的文化遗产、从旧石器时代到唐代结束（公元 907 年）的考古材料和至少 250 年以上的古迹雕塑和壁上艺术，包括将由美国政府公布的清单（以下称为"指定清单"）上所列的各类金属物、陶瓷、石材、纺织品、其他有机物质、玻璃和绘画，但中华人民共和国政府签发许可或其他证件证明这种出口不违反中国法律的除外。本谅解备忘录所指受限旧石器时代物品的时限从大约公元前 75,000 年开始。

—1—

守本国的适用法律和法规，包括可使用的资金在内。

第四条

一、本谅解备忘录自签署之日起即行生效。有效期为五年。

二、本谅解备忘录经两国政府书面协议，可修订或顺延。

三、本谅解备忘录的成效应在五年期满之前予以审查，以决定是否将其顺延。

以下签署人经各自政府正式授权在本谅解备忘录签字，以昭信守。

本谅解备忘录于二〇〇九年一月十四日在华盛顿签署，一式两份，每份均以中文和英文写成，两种文本同等作准。

中华人民共和国政府代表　　　　美利坚合众国政府代表

—5—

中华人民共和国国家文物局
State Administration of Cultural Heritage
People's Republic of China

SACH-2014-001

照　会

美利坚合众国驻中华人民共和国大使馆：

中华人民共和国国家文物局向美利坚合众国驻中华人民共和国大使馆致敬，并荣幸地告知：

贵馆 2014 年 1 月 6 日 No.0008 外交照会收悉。

中华人民共和国国家文物局代表中华人民共和国政府接受贵馆提议，将《中华人民共和国政府和美利坚合众国政府对旧石器时代到唐末的归类考古材料以及至少 250 年以上的古迹雕塑和壁上艺术实施进口限制的谅解备忘录》有效期顺延五年，并接受对备忘录第一条和第二条的修订，以附件中经修订的第一条和第二条代替原有的第一条和第二条（中文文本附后）。

国家文物局也荣幸地接受贵馆提议，将贵馆来照及国家文物局复照，共同组成一个顺延有效期和修订备忘录的协议，协议于国家文物局回复之日开始实施，并于 2014 年 1 月 14 日生效。

中华人民共和国国家文物局借此机会向美利坚合众国驻中华人民共和国大使馆致以最崇高的敬意。

附件：如前所述

中华人民共和国国家文物局
2014 年 1 月 日

抄送：中华人民共和国外交部

中美政府间对旧石器时代到唐末的归类考古材料以及至少 250 年以上的古迹雕塑和壁上艺术实施进口限制的谅解备忘录及顺延照会

我国与相关国家政府间打击文物走私
双边协定、谅解备忘录一览表

国家	时间	名称
秘　鲁	2000 年 3 月 30 日	《中华人民共和国政府和秘鲁共和国政府保护和收复文化财产协定》
意 大 利	2006 年 1 月 20 日	《中华人民共和国政府和意大利共和国政府关于防止盗窃、盗掘和非法进出境文物的协定》
印　度	2006 年 11 月 21 日	《中华人民共和国政府和印度共和国政府关于防止盗窃、盗掘和非法进出境文物的协定》
菲 律 宾	2007 年 1 月 15 日	《中华人民共和国政府和菲律宾共和国政府关于防止盗窃、盗掘和非法进出境文物的协定》
希　腊	2008 年 2 月 26 日	《中华人民共和国国家文物局和希腊共和国文化部关于防止盗窃、盗掘和非法进出境文物的谅解备忘录》
智　利	2008 年 4 月 14 日	《中华人民共和国政府和智利共和国政府关于防止盗窃、盗掘和非法进出境文物的协定》
委内瑞拉	2008 年 9 月 24 日	《中华人民共和国政府和委内瑞拉玻利瓦尔共和国政府关于防止盗窃、盗掘和非法进出境文物的协定》
美　国	2009 年 1 月 14 日	《中华人民共和国政府和美利坚合众国政府对旧石器时代到唐末的归类考古材料以及至少 250 年以上的古迹雕塑和壁上艺术实施进口限制的谅解备忘录》
土 耳 其	2009 年 6 月 25 日	《中华人民共和国政府和土耳其共和国政府关于防止盗窃、盗掘和非法进出境文化财产的协定》
埃塞俄比亚	2009 年 9 月 16 日	《中华人民共和国政府和埃塞俄比亚联邦民主共和国政府关于防止盗窃、盗掘和非法进出境文物的协定》

澳大利亚	2009 年 10 月 30 日	《中华人民共和国国家文物局与澳大利亚环境、水、遗产和艺术部关于文物保护的谅解备忘录》
埃　及	2010 年 10 月 12 日	《中华人民共和国政府与阿拉伯埃及共和国政府关丁保护和返还从原属国非法贩运被盗文化财产的协定》
蒙　古	2011 年 6 月 16 日	《中华人民共和国政府和蒙古国政府关于防止盗窃、盗掘和非法进出境文化财产的协定》
墨 西 哥	2012 年 4 月 6 日	《中华人民共和国政府和墨西哥合众国政府关于保护、保存、返还和追索文化财产及防止盗窃、盗掘和非法进出境文化财产协定》
哥伦比亚	2012 年 5 月 9 日	《中华人民共和国政府和哥伦比亚共和国政府关于防止盗窃、盗掘和非法进出境文化财产的协定》
尼日利亚	2013 年 7 月 10 日	《中华人民共和国政府和尼日利亚联邦共和国政府关于防止盗窃、盗掘和非法进出境文化财产的协定》
瑞　士	2013 年 8 月 16 日	《中华人民共和国政府与瑞士联邦委员会关于非法进出境文化财产的协定》
塞浦路斯	2013 年 10 月 29 日	《中华人民共和国政府和塞浦路斯政府关于防止盗窃、盗掘和非法进出境文物的谅解备忘录》
柬埔寨	2015 年 9 月 10 日	《中华人民共和国政府和柬埔寨王国政府关于防止盗窃、盗掘和非法进出境文化财产的协定》
缅　甸	2017 年 4 月 10 日	《中华人民共和国政府和缅甸联邦共和国政府关于防止盗窃、盗掘和非法进出境文化财产的协定》
阿 根 廷	2018 年 12 月日	《中华人民共和国和阿根廷共和国关于防止和打击非法贩卖文化财产以及归还非法转让、占有和进出境的文化财产的合作协定》

党的十八大以来，国家文物局努力构建稳定多维的政府间文化遗产合作网络，加强与文化遗产国际组织的互动合作。2015年9月，经过国家文物局与法国有关方面的长期协商，法国政府通过原捐赠人向我国返还甘肃礼县大堡子山秦公大墓遗址被盗流失金器32件。这些金饰片出自甘肃省礼县大堡子山遗址，是研究秦国早期文化的宝贵实物资料，迄今在其他文化遗址中还没有发现，具有独特的历史、艺术和科学价值。

金鸱鸮形马胄饰（一组2件）

春秋（公元前770年—公元前476年）
长45.8厘米，宽34.3厘米
长42.7厘米，宽26.1厘米
2015年法国返还

两件造型、纹样基本相同，以金箔剪切成鸱鸮形，通身捶揲出象征翎毛的变形窃曲纹，每件在喙、首、背、尾、腹、爪等部位分布有9对钉孔，应是马胄上的饰物，张家坡西周墓地M196和M198出土有类似尺寸的铜马胄饰。它们出自遭群体性盗掘的甘肃礼县大堡子山秦公大墓。盗出的秦公大墓文物多数被贩卖至欧洲，历经几次转手，有的已经被藏家捐给当地博物馆，在国家文物局的大力追索下，这批珍贵文物最终于2015年回归祖国，被收藏在甘肃省博物馆。这两件富丽堂皇的马胄制作精美，不仅具有很高的工艺价值，对认识和研究早期秦文化也具有重要的学术意义。

秦公青铜鼎

春秋（公元前 770 年—公元前 476 年）
高 31 厘米，口径 31.5 厘米
甘肃礼县大堡子山遗址出土

　　此鼎口沿外折，上立粗壮的双耳，略为外侈，浅腹下垂，微圜底，三蹄形足。口沿下饰兽目交连纹，腹部饰三排垂鳞纹，简错有致，足根部饰兽面纹，中起三齿扉棱。器腹内壁铸铭文：
"（秦）公乍（作）（铸）用鼎。"

　　秦朝是我国历史上第一个封建王朝，但其来源、早期生活以及向东发展的历史一直是学术界争论不休的历史谜团。20世纪 20 年代，甘肃礼县盐关—罗家堡一带出土了著名的"秦公簋"；90 年代初，大堡子山秦公大墓被盗掘，大批珍贵文物流失海外，其中青铜重器百余件，多有"秦公作铸用鼎""秦公作宝簋"等铭文；1994 年甘肃省文物考古研究所对大堡子山墓地进行了抢救性发掘，确认该墓地为秦公西陲陵墓区；2004 年，由甘肃省文物考古研究所、陕西省考古研究所、中国国家博物馆、北京大学考古文博学院和西北大学文博学院共同组成的早期秦文化联合考古队，启动"早期秦文化考古调查、发掘与研究项目"。2006 年度重点对礼县大堡子山遗址进行发掘，发掘大型建筑基址 1 处，中小型东周墓葬 9 座，乐器坑 1 座，人祭坑 4 座，为进一步开展早期秦文化的调查和研究提供了极为重要的第一手实物材料。

　　根据已刊布的资料，目前发现的秦公鼎至少有 15 件，其中上海博物馆藏 4 件，首阳斋原藏 3 件，甘肃省博物馆所藏一批公安部门移交的铜鼎残件，分属 7 件铜鼎，现已修复 3 件。大堡子山所出秦公鼎的时代均为春秋早期，形制基本相同，主体纹饰分两种，一种是双层的"兽目交连纹"，另一种是除"兽目交连纹"外，尚有"垂鳞纹"。

窃曲纹青铜甗

春秋（公元前 770 年—公元前 476 年）

通高 32.6 厘米

甘肃礼县大堡子山遗址出土

此甗由上、下两部件组成，分体铸造，以榫槽扣合而成。

上层是甑，双立耳，口沿下装饰一周窃曲纹，腹饰兽体卷曲纹，

甑底有长条形箅孔；下层是鬲。

窃曲纹青铜簋

春秋（公元前 770 年—公元前 476 年）
高 8.7 厘米，口径 10 厘米
高 8.5 厘米，口径 10 厘米
甘肃礼县大堡子山遗址出土

此簋龙首形耳，圈足下附 3 支足。口沿饰窃曲纹，
器腹饰瓦棱纹，圈足饰垂式重鳞纹一周。

回纹青铜鬲

春秋（公元前 770 年—公元前 476 年）
高 11.5 厘米，口径 15 厘米
高 11 厘米，口径 11 厘米
甘肃礼县大堡子山遗址出土

此鬲折肩，束颈，分裆，圆柱状足跟，腹部与
足对应之处各有一道扉棱，器腹饰回纹。

安全防护

　　中共中央办公厅、国务院办公厅印发的《关于加强文物保护利用改革的若干意见》强调："建立文物安全长效机制。实施文物平安工程，建设全国文物安全监管平台，实现文物博物馆单位安全防护设施全覆盖。聚焦法人违法、盗窃盗掘、火灾事故三大风险，发挥全国文物安全工作部际联席会议制度作用，坚持专项行动和常态监管相结合，打赢文物安全防范攻坚战。"近年来，国家文物局建立健全文物安全制度标准、实施文物平安工程、开展安全专项督查、研发应用先进信息技术，不断强化文物安全监管，构筑文物安全堡垒。

文物安全制度标准一览表

编　号	名　　称
1	博物馆安全保卫工作规定
2	古建筑消防管理规则
3	国家文物局突发事件应急工作管理办法
4	文物消防安全检查规程（试行）
5	国家文物局文物安全案件督察督办管理规定（试行）
6	文物安全与行政执法信息上报及公告办法
7	文物系统安全保卫人员上岗条件暂行规定
8	文物系统博物馆风险等级和安全防护级别的规定
9	博物馆和文物保护单位安全防范系统要求
10	文物建筑防雷技术规范
11	文物建筑防雷工程勘察设计和施工技术规范（试行）
12	文物建筑电气防火导则（试行）
13	文物建筑防火设计导则（试行）
14	长城保护员管理办法
15	文物建筑消防安全管理十项规定
16	文物违法行为举报管理办法（试行）
17	长城执法巡查办法

全国重点文物保护单位安全防护设施建设情况汇总表（2012—2017）

单位：万元

年份	安防		消防		防雷		项目数合计	资金合计
	项目数	资金	项目数	资金	项目数	资金		
小计	781	187933	828	237973	612	82109	2221	508015
2017	253	42601	256	69894	146	15896	655	128391
2016	96	22287	96	32605	90	10528	282	65420
2015	124	27357	139	33963	144	24003	407	85323
2014	87	35197	148	52438	95	14819	330	102454
2013	93	24253	112	28654	84	9724	289	62631
2012	128	36238	77	20419	53	7139	258	63796

2017 年 4 月，按照国务院部署，国家文物局会同公安、财政、工商、宗教等有关部门组成 11 个督察组，赴 31 个省份，对全国文物安全状况开展了为期半年的大排查行动。

排查范围和重点为：各级各类文物单位存在的安全隐患和管理漏洞；地方各级党委、政府履行文物安全保护主体责任情况；地方文物部门文物保护监督和制度建设情况、安全执法队伍建设情况；文物安全应急预案及事故处置，文物安全防护设施设备情况。

联合督查组对博物馆、文管所安防设施进行排查

安阳市消防培训、演练

明十三陵消防演练

截至 2017 年 9 月，全国文物系统累计排查各级各类文物博物馆单位 232663 家，发现各类文物安全隐患和管理漏洞 21063 处，基本摸清全国文物安全状况，督促集中整改整治，全面提升文物安全管理水平。

2018年11月12日，国家文物局、工业和信息化部、科学技术部联合印发了《文物保护装备发展纲要（2018—2025年）》，明确了文物防护与监管作为文物保护装备四大重点领域之一。

国 家 文 物 局
工业和信息化部 文件
科 学 技 术 部

文物博发〔2018〕22 号

关于印发《文物保护装备发展纲要
（2018—2025 年）》的通知

各省、自治区、直辖市文物局（文化厅）、新疆生产建设兵团文物局，工业和信息化主管部门、科技厅（委、局），各有关单位：

为贯彻落实《中共中央办公厅 国务院办公厅关于加强文物保护利用改革的若干意见》《国务院关于进一步加强文物工作的指导意见》，推动文物保护装备领域高质量发展，支撑保障文物保护利用和文化遗产保护传承，国家文物局、工业和信息化部、科学技术部联合制定了《文物保护装备发展纲要（2018

- 1 -

—2025 年)》，现印发给你们，请结合本部门、本地区的实际情况贯彻落实。

附件：文物保护装备发展纲要（2018-2025 年）

2018 年 11 月 2 日

- 2 -

社会动员

　　人民群众是文物保护的坚实力量，在发现、举报和制止文物犯罪、提供破案线索等方面发挥着重要作用，文物保护秉承依靠群众、走群众路线的优良传统，壮大文物保护员和志愿者队伍，重视群众力量，相信群众力量，群防群治、群策群力，让不法分子陷入打击犯罪"人民战争"的汪洋大海。

青海省开展文物保护普法宣传活动

新疆维吾尔自治区库车县文物保护员热合曼·阿木提坚守岗位 25 年

陕西省西安市现有 600 余名文物保卫员，大多数分布在各大遗址、主要墓葬群附近和各区县，肩负经常性巡查、日常维护和情况报告等任务。图为文保员夜巡狄寨塬。

陕西省宝鸡市农民保护文化遗产成果展　　　　　　　　　　向社会力量参与文物保护典型代表颁发锦旗

主要参考文献

论著：

谭其骧主编：《中国历史地图集》（元明时期），中国地图出版社，1982年。

王纲：《张献忠大西军史》，湖南人民出版社，1987年。

齐东方：《唐代金银器研究》，中国社会科学出版社，1999年。

唐石父：《中国古代钱币》，上海古籍出版社，2001年。

朱凤瀚：《中国青铜器宗论》，上海古籍出版社，2009年。

李晓萍：《明代赋税银锭考》，文物出版社，2013年。

扬之水：《中国古代金银首饰》，故宫出版社，2014年。

扬之水：《奢华之色——宋元明金银器研究》，中华书局，2015年。

辛德勇：《海昏侯刘贺》，生活·读书·新知三联书店，2016年。

朱晓芳：《齐鲁金声——山东地区两周乐钟研究》，上海古籍出版社，2016年。

周卫荣、杨君、黄维：《中国古代银锭科学研究》，科学出版社，2016年。

论文：

河南省丹江水库地区文物发掘队：《河南淅川下寺春秋楚墓》，《文物》1980年10期。

孙机：《唐代的马具与马饰》，《文物》1981年第10期。

杨泓：《中国古代马具的发展和对外影响》，《文物》1984年第9期。

殷志强：《红山、良渚文化玉器的比较研究》，《北方文物》1988年第2期。

山东省济宁市文物管理局：《薛国故城勘察和墓葬发掘报告》，《考古学报》，1991年第2期。

王莉英：《宋瓷的装饰艺术》，《故宫博物院院刊》1991年第5期。

陕西省考古研究所汉陵考古队：《汉景帝阳陵南区丛葬坑发掘第一号简报》，《文物》1992年第4期。

许新国：《都兰吐蕃墓中镀金银器属粟特系统的推定》，《中国藏学》1994年第4期。

韩伟：《论甘肃礼县出土的秦金箔饰片》，《文物》1995年第6期。

罗文华：《藏传佛教中的猪神——金刚亥母》，《紫禁城》1995年第8期。

许新国：《都兰吐蕃墓出土含绶鸟织锦研究》，《中国藏学》1996年第1期。

卢兆荫：《玉德·玉符·汉玉风格》，《文物》1996年第4期。

赵明璟：《谈定窑瓷器的装饰手法》，《南方文物》1998年第1期。

齐东方：《唐代粟特式金银器研究——以金银带把杯为中心》，《考古学报》1998年第2期。

杨诗云：《从密宗的护法神谈起——看张大千笔下的金刚》，《四川文物》1998年第5期。

谭德睿、廉海萍、吴则嘉、苏立民、李晋、章国英、李忠、胡凡：《东周铜兵器菱形纹饰技术研究》，《考古学报》2000年第1期。

吕军、栾兆鹏：《红山文化玉器研究综述》，《北方文物》2000年第3期。

赖富本宏、杨曾文：《佛教图像学的成果和问题点》，《世界宗教研究》2000年第3期。

伊尔、赵荣璋：《唐卡艺术研究》，《文艺研究》2000年第7期。

黄春和：《藏传佛教造像题材分类及其艺术特征》，《法音》2001年第8期。

彭彤：《藏传佛教雕塑艺术及其特征》，《同济大学学报（社会科学版）》2002年第3期。

谢继胜：《黑水城唐卡中的护法与空行母图像考》，《西北民族研究》2002年第3期。

李翎：《藏传佛教造像特征浅议》，《西藏研究》2003年第1期。

石荣传：《两汉诸侯王墓出土葬玉及葬玉制度初探》，《中原文物》2003年第3期。

安志敏：《红山玉器的质疑和论证》，《考古》2004年第2期。

李翎：《藏传佛教阿弥陀像的研究》，《法音》2004年第8期。

们发延：《藏传佛教的唐卡艺术》，《中国宗教》2004年第8期。

桑吉扎西：《藏传佛教的造像艺术》，《法音》2004年第3期。

卢兆荫：《论玉文化在汉代的延续和发展》，《中国历史文物》2004年第3期。

塚本善隆、施萍婷、赵声良：《从释迦、弥勒到阿弥陀，从无量寿到阿弥陀——北魏至唐的变化》，《敦煌研究》2004年第5期。

冷志军：《彭山县江口镇岷江河道出土明代银锭》，《四川文物》2006年第1期。

方明、吴天文：《彭山江口镇岷江河道出上明代银锭——兼论张献忠江口沉银》，《四川文物》2006年第4期。

李学勤：《小邾国墓及其青铜器研究》，《东岳论丛》2007年第2期。

林梅村：《试论唐蕃古道》，《藏学学刊》（第3辑），2007年。

杨清凡：《五方佛及其图像考察》，《西藏研究》2007年第3期。

佟春燕：《略述藏传佛教祖师像》，《法音》2007年第9期。

霍巍：《一批流散海外的吐蕃文物的初步考察》，《故宫博物院院刊》2007年第5期。

霍巍：《吐蕃系统金银器研究》，《考古学报》2009年第1期。

李伯谦：《中国古代文明演进的两种模式——红山、良渚、仰韶大墓随葬玉器观察随想》，《文物》2009年第3期。

邓灿：《简述大足石刻护法神造像》，《四川文物》2009年第3期。

霍巍：《吐蕃马具与东西方文明的交流》，《考古》2009年第11期。

唐长寿：《杨展与"江口沉银"》，《文史杂志》2010年第2期。

李翎：《擦擦与善业泥考辨》，《中国国家博物馆馆刊》2011年第6期。

霍宏伟：《中国国家博物馆藏西王赏功钱考》，《中国钱币》2011年第4期。

仝涛：《青海都兰热水一号大墓的形制、年代及墓主人身份探讨》，《考古学报》2012年第4期。

吴伟华：《东周时期海岱地区青铜器研究》，南开大学2012年博士论文。

罗桑开珠：《浅析藏传佛教造像艺术的文化元素及其特征》，《中央民族大学学报（哲学社会科学版）》2013年第2期。

山东省文物考古研究所、滕州市博物馆，《山东滕州东康留周代墓地发掘简报》，《文物》2013年第4期。

方向明：《史前琢玉的切割工艺》，《南方文物》2013年第4期。

王苹、刘国祥：《从考古发现看辽西地区龙的起源》，《四川文物》2014年第6期。

牟宝蕾：《注子的起源及演变》，《文博》2015年第6期。

刘国祥：《红山文化研究》，中国社会科学院研究生院2015年博士论文。

徐昭峰：《成周城析论》，《考古与文物》2016年第3期。

李飞：《张献忠"沉银埋宝"初步研究》，《中国史研究动态》2016年第5期。

汪玉祥：《张献忠藏宝之文献考察》，《中国史研究动态》2016年第5期。

后晓荣、程义：《明末张献忠农民军用印初探》，《中国国家博物馆馆刊》2016年第6期。

江西省文物考古研究所、南昌市博物馆、南昌市新建区博物馆：《南昌市西汉海昏侯墓》，《考古》2016年第7期。

周毛先、宗喀·漾正冈布：《都兰吐蕃古墓考古研究综述》，《西藏研究》2016年第4期。

吴镇烽：《戁尊、戁卣考释》，北京大学考古文博学院编：《高明先生九秩华诞庆寿论文集》，科学出版社，2016年。

霍巍：《文物考古所见古代青海与丝绸之路》，《青海民族大学学报（社会科学版）》2017年第1期。

毛佩琦：《张献忠江口沉银目击记》，《中国史研究动态》2017年第1期。

柴怡：《西安白鹿原新见汉代陶俑析论》，《考古与文物》2017年第4期。

黄今言：《西汉海昏侯墓出土黄金的几个问题》，《史学月刊》2017年第5期。

李飞：《"永昌大元帅印"考》，《四川文物》2018年第3期。

周克林：《永昌大元帅金印考》，《四川文物》2018年第3期。

张闻捷：《汉代乐钟编列制度初考》，《文物》2018年第3期。

后 记

在公安部、最高人民法院、最高人民检察院、国家文物局的高度重视和精心部署下，2018年12月，我们在中国国家博物馆成功举办"众志成城 守护文明——全国打击防范文物犯罪成果展"。为做好展览筹备工作，国家文物局局长刘玉珠、公安部副部长杜航伟亲自部署，国家文物局副局长宋新潮直接指导，公安部、最高人民法院、最高人民检察院和国家文物局有关负责同志做了大量扎实而细致的工作。中国国家博物馆馆长王春法多次召开会议，调整原定展览计划，组织协调展览各项工作；书记单威提出许多宝贵意见，副馆长陈成军多方沟通联络，馆内各部门通力合作，大力协助。北京、河北、山西、辽宁、江西、山东、四川、西藏、陕西、甘肃、青海等省份各级公安机关和文物部门本着对历史文物的敬畏之心，主动担当作为，积极克服各种困难，认真提供展览素材，全力运送参展展品，做了大量卓有成效的工作。

此次我们编辑出版《众志成城 守护文明——全国打击防范文物犯罪成果精粹》，以300余幅珍贵文物的精美图片和翔实的文字介绍，再次展示全国防范和打击文物犯罪的辉煌成果。特别感谢基层公安干警和文物保护一线工作人员，他们不顾个人安危，坚决与犯罪分子作斗争，追缴了大批珍贵涉案文物，护佑了文化遗产安全，为文物保护利用和文化遗产传承做出了重要贡献，同时也为展览的成功举办和本书的出版提供了生动鲜活的案例。

因时间仓促，本书难免有不足和疏漏之处，恳请读者给予批评指正。

"全国打击防范文物犯罪成果展"工作组

"众志成城 守护文明——全国打击防范文物犯罪成果展" 场景之一

"众志成城 守护文明——全国打击防范文物犯罪成果展" 场景之二

"众志成城 守护文明——全国打击防范文物犯罪成果展"场景之三

"众志成城 守护文明——全国打击防范文物犯罪成果展"场景之四

"众志成城 守护文明——全国打击防范文物犯罪成果展"场景之五

"众志成城 守护文明——全国打击防范文物犯罪成果展"场景之六

"众志成城 守护文明——全国打击防范文物犯罪成果展"场景之七

"众志成城 守护文明——全国打击防范文物犯罪成果展"场景之八

图书在版编目（CIP）数据

众志成城　守护文明：全国打击防范文物犯罪成果精粹 / 公安部等编著.
-- 北京：北京时代华文书局,2019.5
　　ISBN 978-7-5699-3025-2

　　Ⅰ.①众… Ⅱ.①公… Ⅲ.①历史文物－中国－图录
Ⅳ.①K870.2

　　中国版本图书馆CIP数据核字(2019)第076015号

责任编辑

徐敏峰

周海燕

众志成城　守护文明
全国打击防范文物犯罪成果精粹

编　著：公安部等
出版人：王训海
出版发行：北京时代华文书局 (http://www.bjsdsj.com.cn)
地址：北京市东城区安定门外大街138号皇城国际A座8层
邮编：100011
发行部：010-64267120　010-64267397
印制：北京雅昌艺术印刷有限公司
开本：635×965　1/16　印张：23.25　印数：2500册
版次：2019年9月第1版　2019年9月第1次印刷
书号：ISBN 978-7-5699-3025-2
定价：450.00元